尽 善 尽 美　　弗 求 弗 迪

斯科拉里传

米克宁◎著

電子工業出版社
Publishing House of Electronics Industry
北京·BEIJING

内 容 简 介

路易斯·菲利佩·斯科拉里，巴西人，世界著名足球主教练。他曾执教克鲁塞罗队、帕尔梅拉斯队，赢得了巨大声誉，很少有教练能像斯科拉里那样赢得国家队、俱乐部双收。国家队、俱乐部的双辉煌，使得他成为当今世上最著名的主教练之一。作为教练，斯科拉里有着“疑人不用，用人不疑”的作风，其硬朗的手腕更是让大牌球星佩服。2015年6月4日晚，广州恒大宣布斯科拉里接替卡纳瓦罗，担任广州恒大淘宝足球俱乐部主教练。如今主阵中国球队的他，又将开启怎样一段荣耀之程呢？本书通过对他曾经辉煌战绩的复现，带你领略这位名帅高超的智慧和手腕，相信这个过程将使你的脑海中浮现出对中国足球新一番的愿景。

图书在版编目（CIP）数据

斯科拉里传 / 米克宁著. —北京：电子工业出版社，2016.3
ISBN 978-7-121-27632-3

Ⅰ.①斯… Ⅱ.①米… Ⅲ.①斯科拉里，L.F.－生平事迹 Ⅳ.①K837.775.47

中国版本图书馆CIP数据核字（2015）第277614号

责任编辑：王陶然
印　　刷：北京中印联印务有限公司
装　　订：北京中印联印务有限公司
出版发行：电子工业出版社
　　　　　北京市海淀区万寿路 173 信箱　邮编 100036
开　　本：720×1000　1/16　印张：15　字数：180千字
版　　次：2016年 3 月第 1 版
印　　次：2016年 3 月第 1 次印刷
定　　价：39.80元

凡所购买电子工业出版社图书有缺损问题，请向购买书店调换。若书店售缺，请与本社发行部联系，联系及邮购电话：（010）88254888。

质量投诉请发邮件至zlts@phei.com.cn，盗版侵权举报请发邮件至dbqq@phei.com.cn。

服务热线：（010）88258888。

序言

PREFACE

6月的广州，尽管连日多雨，却怎么也降不下持续的高温，带给人的照例是闷热难耐。与此同时，那不时在人们头顶上炸开的响雷，似乎预示着在足球界将会有惊人的消息传来。

果然，在这一天——2015年6月4日晚上，距广州恒大队主场2：2战平天津泰达队不到一小时，恒大俱乐部就通过官网向外界宣布："根据俱乐部战略发展需要，经与卡纳瓦罗先生友好协商，达成：自2015年6月5日起，卡纳瓦罗先生不再担任广州恒大淘宝足球俱乐部执行主教练职务。"与此同时，又有一则新通告格外引人关注："根据俱乐部战略发展需要，经研究决定：聘任路易斯·菲利佩·斯科拉里（Luiz Felipe Scolari）先生担任广州恒大淘宝足球俱乐部主教练，聘任期为2年6个月。"

失意者的离去总是那么微不足道。没有人去关注卡纳瓦罗的离去，也没有人在意恒大俱乐部为什么要"闪电"换帅，人们把急切的目光都落在了那个即将赴任的斯科拉里身上。6月11日晚，斯科拉里抵达广州机场，热情的球迷夹道欢迎，鲜花和笑脸一时簇拥在他的周围。

斯科拉里此次来广州，是恒大老板许家印用自己的私人飞机，飞行30多个小时从巴西圣保罗接来的。这样贵宾级的待遇，足见恒大俱乐部对斯科拉里的重视——亦可美其名曰"求贤若渴"。那么，斯科拉里系何方神圣，为何能受到如此高规格的礼遇呢？其实，对于广大球迷来说，这并不是一个需要回答的问题，就好比问法国人拿破仑是谁一样。

在广大球迷心目中，斯科拉里是一个集神奇、诡谲、随性和倔强于一身之人。他有突破重围、克服艰难直达事业巅峰创造神话的经历，也有固执己见、墨守成规，终至跌入谷底败走麦城的遭际。也正是这些经历，让他的人生变得格外跌宕起伏，让他的身上增添了许多神秘感。

斯科拉里的祖上，来自意大利的威尼斯。他本人1948年11月9日出生于巴西南大河州的帕苏丰杜（Passo Fundo）市。生于足球王国的斯科拉里，自幼耳濡目染，足球成为了他人生中最好的伙伴，从此，足球运动也就成为了他人生目标的首选。18岁那年，他成为南大河州艾斯波迪渥（Esportivo Aimoré）少年队中的一名球员。不过，他的球员生涯可用“青涩”两字来形容。他出道后，不但没有什么过人之处和骄人表现，反而被讥之以“木腿人”的绰号——这也是斯科拉里日后耿耿于怀且大加驳斥的地方。25岁，他离开了艾斯波迪渥队，先后效力过四家俱乐部球队。33岁那年，他于阿拉戈亚诺体育中心队（CSA）挂靴，并就地回炉性地转变了职业身份，执起了该队的教鞭，从而开启了他人生的另一种生涯。

同他的球员生涯一样，斯科拉里在执教之初，也没什么过人之处，表现平平。直到39岁，豪门格雷米奥俱乐部向他敞开了执教大门，才让他平淡无奇的人生实现了华丽转身，蜚声海内外。

2002年，巴西队为争夺韩日世界杯入场券，一路走得跌跌撞撞，以致三易其帅。关键时刻，斯科拉里挺身而出，他力排众议，大胆起用新人。成功夺取世界杯入场券之后，他采用被人称为“魔幻四重奏”的阵法，最终以锐不可当之势取得全战全胜的战绩，将大力神杯揽入怀中，从而成就了“五星巴西”的神话。这次世界杯过后，斯科拉里一举成名，跻身于世界知名教练之列。这时的他，进入了巅峰状态，为世人瞩目——他也成为了中国球迷心中化腐朽为神奇的偶像。

2014年的世界杯轮到巴西本土举办。在这个对足球失败零容忍的国度，巴西足协对国家队主帅的人选，表现得比以往更加慎重。最终，他们还是把宝押在了具有带队夺冠经历的斯科拉里身上。此时的斯科拉里，被帕尔梅拉斯俱乐部解雇后，正赋闲在家，亟须用成功来证明自己。于是，双方一拍即合，斯科拉里开始了在国家队的再次“亮剑”。然而，在世界杯比赛正式开始后，占尽天时地利的东道主球队，又开始变得跌跌撞撞起来。最终，他们非但没能起死回生，反而于半决赛中开创“另类历史”，被德国队以7：1大大羞辱了一番。“民怨”再度沸腾，一时间，斯科拉里成为了众矢之的。

然而，斯科拉里越挫越勇。大起大落之后，他仍然决意于自己的执着，要以事实来证明自己。当远在中国的恒大俱乐部向他伸出橄榄枝时，他慨然应允。

斯科拉里与中国足球的交集，可以追溯到1996年。当年，他曾率领巴西格雷米奥队与北京国安队进行了一场商业比赛。结果，主裁判的一些判罚弄得他很不高兴，发出了“中国队如果不学会技术，永远也进不了世界杯”的忠告。此言一语中的。2002年中国队幸运地进入了世界杯之后，巴西队与中国队交锋时，斯科拉里的球员们用4：0让中国人明白了自己与强队的差距。

执教恒大，对于公众敏感的年薪一事，恒大俱乐部和斯科拉里本人自始至终都讳莫如深，闭口不提。据一些巴西媒体透露，斯科拉里的年薪将超过500万欧元。不过，国人们最大的期望，莫过于斯科拉里不仅能给恒大队，还能给整个中国足球界带来新的执教理念、好的管理方法和先进技术。我们祝愿他在中国诸事如意，为自己的人生添上浓墨重彩的一笔。

目录
CONTENTS

第四章 创造神奇：再夺南美解放者杯

第五章 独树一帜：善用《孙子兵法》来做战略布局

第六章 力排众议：3R 组合威名扬天下

第十章　二次执教：18 年之后的再一次聚首

第十一章　入主恒大：能否淘得盆满钵也满

第十二章　爱将高徒：能征惯战，驰骋疆场

第一章

足球王国：
世界级名帅的摇篮

巴西举国上下对足球的热爱几近疯狂，人们所说的“足球王国”指的就是巴西。巴西足球队的杰出表现，足可以引爆一场万民狂欢。巴西的足球狂欢，可以让全世界受到感染。

在这种大环境下，巴西的孩童自小就培养起了对足球的热爱，巴西的足球学校遍地开花。孩子们自十二三岁起，就开始参与足球运动，并接受到较好的足球理念和足球技能。其中表现优异者会被不同级别的足球俱乐部选中，成为其中的一员，他们中的大多数就此走上与足球终身相伴的职业生涯。

缘于爱好，加上职业，球员们都会全力以赴，把自己最好的状态释放出来，以期赢得世人的尊重。当他们过了足球运动的鼎盛期后，通常都会选择从事教练工作。这样一来，有着良好足球理念和足球技能的巴西，在盛产球员的同时，也盛产教练。在摸爬滚打的执教过程中，一些人脱颖而出，成为了业内的佼佼者，名扬四海。斯科拉里就是其中的一员。

1. 没有成绩的球员生涯

在巴西的大街小巷里，每天都会有自发练习足球的各种少年。不论富贵、贫穷，他们都在被脚底下那个小小的圆球吸引着，奔跑、跳跃、追逐、欢笑。他们中的每个人，都希望自己有一天，能在万众瞩目的欢呼声中，高举奖杯，向世人宣示那份无与伦比的荣耀。

这是每一个少年的足球梦。但是，人们十分清楚，只有少数人，才能实现足球运动员的梦想——在光芒掩映的足球赛场上一展雄姿，用矫健的身影成为绿茵场上瑰丽的风景线。但对大多数人来说，他们的梦想，不论自己怎样努力，都命中注定般地成不了现实，只能是在桑巴舞狂热的节奏中，成为注目他人荣耀的大军中的一员。这其中就包括斯科拉里。

斯科拉里的父亲是一名职业的球员，在父亲的影响下，他逐渐迈上了职业球员的道路，加入了足球少年的大军。1966 年，18 岁的斯科拉里加入了位于南大河州的艾斯波迪渥（Esportivo Aimoré）俱乐部少年队。该俱乐部虽成立于 1936 年 3 月，但只是一家小球会，并于 1996 年被迫关闭，直到 2006 年才再度复出。在历史上所取得的最好成绩是 2012 年夺得牧人锦标赛丙组冠军。

这样的球队，别说参加巴甲、巴乙这样高级别的联赛，就连南大河州的联赛也难以跻身。他们带有明显的业余球队的性质，也只能在巴高联这样的特殊赛区才觅得一份参赛资格。（巴高联全称为巴西高卓区足球联赛，它是巴西年度 21 项足球赛事之一。高卓，是葡萄牙语“牧人”的直译，通常指的是生活在阿根廷彭巴斯草原、乌拉圭及巴西南大河州等地区的牧人。在巴西，南大河州是巴西首要的农牧区，参加高卓联赛的队伍大多来自该州。另外，周边的如圣保罗州牧区也有球队参赛。）但是，斯科拉里在这样的球队一直效力了 7 年时间，直到 1973 年才离开。是什么原因导致他这么迟才离开呢？可从两个方面来揣测：其一，他在这里表现突出，所以俱乐部极力挽留了他。另一方面则相反，他在这里无过人之处，受不到别人的青睐，也就只能“赖”在这里不走。不过，大凡金子，总会闪光，从而终获人们的关注。从这一点上来说，斯科拉里“原地不动”的原因应该是后者。他儿时的伙伴吉尔伯・门德斯的话可为佐证：“他热爱足球，但他并不是一个优点突出的球员，因此他踢过很多位置——很多时候甚至当门将。”

1958 年，也就是斯科拉里 10 岁那年，在第 6 届世界杯上，巴西队击败东道主瑞典队，历史性地夺得冠军，震惊全世界。当英雄们带着雷米特女神奖杯载誉归来时，巴西举国欢腾。从此，巴西人的脑海中便刻下了这些人的大名：贝利、加林查、迪迪、瓦瓦等。如果说这时的斯科拉里还年幼的话，那么接下来的 1962 年，在第 7 届智利世界杯上，巴西队再次捧得雷米特女神奖杯时，斯科拉里应该会留有深刻的印象。1970 年第 9 届墨西哥世界杯上，球王贝利领衔的巴西队让巴西人永远收藏了雷米特女神奖杯，这一年的斯科拉里已经 22 岁了。也就是说，当举国为足球而沸腾时，成为场上的英雄自然是斯科拉里最大的梦想。斯科拉里有着 1.82 米的身高，到哪儿都应能引人注目。他之所以始终没能在球场上引人注目，实在与他的表现乏善可陈有关。实际上，即使是艾斯波迪渥这样的球队，斯科拉里也只能是在后卫的位置上打发时光。

1973年，处于球员巅峰年龄之际，斯科拉里的职业生涯有了一次转折。他加盟了卡西亚斯俱乐部。该球队成立于1935年4月，位于南大河州的南卡西亚斯市，同样属于一支小球会球队。在此前的历史上，他们所取得的最好成绩是1953年夺得牧人锦标赛乙组冠军。然而，就是这样的球队，斯科拉里一待就是6年。在这里，他收获了“木腿人”的绰号，还有一系列让人引以为笑的谈资。比方说，当时与他一起效力于卡西亚斯的门将巴加蒂尼就说过这样的话：“我总是开这样一个玩笑，我在比赛中做出的最重大的扑救，就是封出了菲利保的回传球。”这句话看似在说球队的防守过硬，让守门员没什么球可扑，但实际上却是在说斯科拉里在防守时，连球也传不出去，总是打回传球，且回传球也传不好，总是让守门员提心吊胆。

不过，抛开斯科拉里的球技，人们似乎忽略了一个细节——一个让他走上教练之路的细节。在南卡西亚斯市，斯科拉里所效力的两支球队：卡西亚斯队和卡西亚斯青年队。在这两支球队中，他除了上场比赛外，还分别带队执教过比赛。从这点上来说，卡西亚斯队应算是斯科拉里教练生涯的起点。这也就难怪日后斯科拉里特别钟情于此地，并多次往返于该地。斯科拉里于2003年8月，接受了该市荣誉市民称号。

1980年，32岁的斯科拉里迎来了球员生涯中的一次重要的跃升，加盟了尤文图德俱乐部。该俱乐部成立于1913年6月，虽然同是南卡西亚斯市的球会，但他们是巴西乙级联赛的成员。只是，球队的荣誉并不等同于球员的荣誉。在这里，斯科拉里没有什么闪光之处，而且他的年龄也预示着他的球员生涯开始日薄西山。他的球员生涯，注定如同他的人一样，平庸得几近默默无闻。不过，斯科拉里显然不是那种甘于平庸之辈。也许是鉴于以往在一个球队一待就是六七年，以致错失了拼搏的好时机，从这时起，他开始了频频换队。

在尤文图德队待了没几个月，斯科拉里便加盟了同样位于南大河州的诺沃·汉拔哥俱乐部。该俱乐部虽成立于1911年5月，有着漫长的历史，但一直没有长进，基本上都是围绕着牧人锦标赛做文章。此前最好的成绩就是夺得1980年牧人锦标赛冠军。对于这样的俱乐部球队，不甘平庸的斯科拉里同样是没干几个月就拍屁股走人了。他于次年，即1981年加盟了阿拉戈亚诺体育中心队（Centro Sportivo Alagoano，简称CSA）。该队常在巴西乙级联赛中争斗。在这里，他帮助球队夺得了球员生涯中唯一的冠军——州联赛冠军。随即，他就地挂靴，结束了球员生涯。

从斯科拉里的这些经历中可以看出，他的确缺少球员天赋，属于那种依靠兴趣和毅力来踢球的人。

曾有球迷这样评价斯科拉里在当球员时的表现："在后防线上，斯科拉里总是很强硬。他永远不会让其他伙计过掉他，无论是否采取犯规。"一些巴西媒体同样认为斯科拉里在球员时期的表现并不怎么样。对此，斯科拉里是这样回击的："是的，我不是一个技术花哨的球员，但是我踢得并不差，我用我的身体和力量帮助球队。我有很好的位置感，并且我拥有领袖气质。你要知道，我20岁就成为球队队长，并且在每个效力的球队都戴着队长袖标。这就是我，一个能够帮助球队成功的球员！"

从这点上来说，斯科拉里显然充当了无名英雄的角色。红花固然惹人喜爱，但如果没有绿叶的陪衬，怎么会显现出它的美艳呢？所以，甘当绿叶的斯科拉里，同样值得人们去尊敬。

2. “菲利佩将军”，从球员到教练

1982年，在阿拉戈亚诺体育中心队挂靴后，斯科拉里开启了人生新的征程，成为该队的主教练，实现了由球员到教练的职业大转身。阿拉戈亚诺体育中心俱乐部位于巴西东北部的阿拉戈斯州的首府马塞约，成立于1913年9月。在漫长的历史中，他们基本上都只在乙级联赛中打拼，没有更突出之处。截至斯科拉里挂靴的这一年，球队获得了26次州联赛冠军。在乙级联赛中，他们所取得的最好成绩是1980年夺得亚军，这也是他们此前历史上唯一的一次。至于其他赛事方面，则毫无建树。

由于有在卡西亚斯队执教所积累起来的经验，斯科拉里正式执掌帅印执教球队就显得从容了许多。他高大的块头儿还起到了镇场的“威慑力”，从而让他将“领袖气质”发扬光大，也为日后获得“菲利佩将军”的荣称打下了基础。严格，是斯科拉里执教的一个特色。他麾下的球员，无论资格多老、名声多大，首先必须做到统一于他的意志之下，接受他的指挥。在球员时代，他以敬业奉献著称，执教后，他也希望球员们能够做到这一点。他不仅要求团队合作，还格外强调球员对球队的忠诚、对足球事业的热爱。

当然，在具体的执教方式上，斯科拉里还是做得相当人性化的。比如说，他会和球员们谈心，了解他们的思想状况，进而通过有效沟通消除他们的抵触情绪。在训练上，他会有针对性地为不同

的队员，制定更合理的训练方式，以增加他们的体能和技能。在战术的制定与配合上，他会及时与球员们进行沟通，以达到让队员理解并执行的目的。如此一来，球员们也就乐于接受他的指挥了。

一旦做出了决定，就必须坚决执行。在斯科拉里的严格指导下，球队延续传统，继续夺得了州联赛的冠军，他差点儿为俱乐部创造了历史。在这一年，他继续带领球队杀进了乙级联赛的决赛。他们的对手是来自巴西南部南马托格罗索州的大坎普队。在首回合的比赛中，他们以 4 ∶ 3 战胜对手，在次回合中他们以 1 ∶ 2 惜败对手。根据当时的规则，比分相同，双方进入一战决生死的决战赛中。最终他们以 0 ∶ 3 大败于对手，遗憾地与冠军失之交臂。但这也是他们历史上第二次夺得联赛的亚军。

尽管是初出茅庐，球队的名气也不够大，但人们已经看出，斯科拉里已经用实际行动向世人很好地证明了自己——不同于球员时代的平庸，在执教方面，他的确有过人之处。于是，在带领阿拉戈亚诺体育中心队取得州联赛冠军和乙级联赛亚军之后，他先前效力过的尤文图德队向他再度伸出了橄榄枝。

尤文图德队于 1975 年升入巴西乙级联赛方阵后，就一直为冲进甲级联赛而努力奋斗。从实力上来讲，他们明显要高于阿拉戈亚诺体育中心队，并且，球队在斯科拉里的故乡南大河州。这里的足球文化氛围更浓、足球人才更多，是个能锤炼和提升个人执教水平的地方。但是，另一方面，正因为南大河州的良好环境，要想在这里实现一些更高目标反而变得特别困难。一个明显的事实是，尤文图德队还从未夺得过南大河州联赛的冠军。这，也就成为俱乐部聘请他所要实现的首个目标。不过，斯科拉里尽管在球队的管理和技能指导上颇有建树，但并没有实现夺取州联赛的目标。因而，在 1983

年赛季的下半年，他选择离开，加盟了格雷米奥·艾斯波迪渥队（简称巴西 PE，也称为佩洛塔斯队）。

巴西 PE 球队位于南大河州的佩洛塔斯市，成立于 1911 年 9 月。在斯科拉里加盟之前，他们夺得巴高联赛冠军还要追溯到 1919 年，那也是他们在此赛事中唯一的一次夺冠。1961 年，他们夺得巴高联赛乙组冠军，此外就是 1972 年夺得总督杯冠军。他们相中斯科拉里，显然是看中了他铁腕治军的手段和年轻人敢闯敢干的拼劲。一个最现实的目标，恐怕就是能借助他的执教水平，从强手中夺得一次州联赛的冠军奖杯。不过，令人遗憾的是，斯科拉里执教后，没能给球队带来任何荣誉。因而，干到 1983 年年底，他再次选择了离开。如同当初让人大出意料地执起教鞭一样，这一次他开始了在异国他乡的穿梭。1984 年年初，在人们惊讶目光的注视下，他飞向了遥远的海湾国家沙特阿拉伯，落脚于沙特阿拉伯首都利雅得的艾尔·沙巴比（Al-Shabab）俱乐部。

沙巴比职业足球俱乐部成立于 1947 年。在斯科拉里执教前的历史上，俱乐部球队曾于 1955 年首夺沙特国王杯，1960 年再夺国王杯，1979 年夺得沙特第一赛区冠军。在国内联赛方面，除了这些荣誉外，他们基本上与其他奖项无缘。直到 1981—1982 赛季，他们才取得历史上第一次联赛亚军。但是，到了 1982—1983 赛季，球队再次一无所获，而 1984—1985 赛季，他们显然想有所作为。于是，在巴西颇有执教潜力的斯科拉里就被他们相中。在这里，斯科拉里将自己的执教风格与沙特本土风格相结合，带领球队一路前行。最终，虽说十分遗憾地与冠军擦肩而过，但还是帮助球队夺得历史上第二次亚军。

斯科拉里的沙特之行，虽说没能取得十分突出的成绩，但对于他个人来说，却在他执教生涯中留下了浓墨重彩的一笔。在这里，他不仅拓宽了眼界，还学到了与不同信仰、不同风俗习惯之人相处的方式与技巧。更为重要的是，在他的执教方式和水平得到提升的同时，也得到了人们普遍的认可。从一定角度来说，他此行既收获了眼下的果实，也拓宽了未来“谋生”的空间，为以后走上国际执教大舞台，打下了良好的基础。也正是从这时起，他的人生开始有了转机，有了更高的追求。

这时的斯科拉里开始思考，同样是教练，为什么有的能将一盘散沙的球队打造成攻无不克的常胜兵团？为什么有的球员就如同神助一样，在球场上总能扮演好攻城拔寨的功臣角色？为什么自己当初在球场上就发挥不好呢？……有时，他喜欢一个人安静地坐在看台上思索。渐渐地，他悟出了一些道理。

人往高处走，水往低处流。人的才干不是天生的，也不是靠等来的，而是通过不断地历练成长起来的。有了一定的才干，固然能“一招鲜，吃遍天”，但如果不及时提升，就会随时被抛弃。为此，他的眼睛开始向上看，并为提升自己的执教水平而努力，他要让自己在执教领域声名斐然。

3. 执教，让他声名鹊起

通过数年的海内外执教经历，斯科拉里有了自己成熟的足球理论。这种理论几乎摒弃了巴西人传统的足球风格，改以欧洲人尤其是意大利人的务实。作为后卫出身的他，似乎比谁都懂得防守的意义。因而，他的执教理论中，防守变得比进攻更重要，成绩比场面更重要。

当然，斯科拉里执教风格并不是一蹴而就的，是经过无数次磨炼才形成的，是建立在实践经验之上的。纵观他的执教经历就会发现，他并不是一个思想保守之人，不是一个固执己见之人，他是一个肯钻研、爱学习且能够虚心接受批评的人。另外，他还敏锐地观察到，随着足球运动在全世界的兴起，作为足球王国的巴西，自然成了各国瞩目的焦点。一个不争的事实是，各个国家都在急于提高自身的足球水平，而他们本土的教练一时都不能胜任这项任务。这也就意味着，在巴西即使不怎么抢眼的教练，一旦出了国，都可能成为别人手上的“香饽饽”。发生在他身边的一些现象也说明了这一点，一些国家或他们的足球俱乐部，久慕巴西足球盛名，希望能在巴西找到一些适合本国国情，又能带领球队取得好成绩的教练。这也让斯科拉里看到了事业的广阔前景。因而，他所要做的，就是快速提高自己的执教水平，提升自己在业内的名气。他亟须做的，就是通过实践来检验自己的执教能力。

于是，1986年，结束沙特艾尔·沙巴比队执教合约的斯科拉里可谓满载荣誉地回到国内，开始将自己刚刚形成的执教理念付之于国内的实践之中。开始，他选择的是返回巴西PE队。显然，巴西PE这样的小球会一副无所作为的样子距他的人生追求已经相去甚远。因而，在这里执教3个月后，他毅然选择离去，再次回到了尤文图德队。在尤文图德队，他一共执教了8场比赛。比赛的成绩尽管不尽如人意，但每场比赛，都体现了他的执教理念，检验了自己的执教能力。正当他的试验还在进行中时，一个人生华丽转身的机遇悄然降临——巴甲豪门格雷米奥俱乐部向他伸来了橄榄枝。

如果说出国执教，让自己提升了执教理念，明确了执教风格，那么，执教国内豪门，就不仅仅是探索和学习，而是具有受到认同与挑战权威的意义了。也就是说，斯科拉里的执教能力已经受到了豪门的认可，接下来，他只需用成绩对自己曾经仰视的同行说“不”了。他已经在足坛上声名鹊起。当然，这也是由巴西的国情所决定的。

足球王国，最不缺的就是足球人才，包括球员和教练。通常情况下，各球队用人所挑选的都是优秀的人才，然后让他们来参与比赛或执教比赛。球队用人都是随级别提高而提高的。换句话说，越是档次高的球队，其所用之人的能力也越高，这实际上是一种竞争机制作用的结果。在涉及个人收益的薪资方面更是如此。一个名不见经传的新人，月薪通常只有1000雷亚尔，而那些以成绩来证明自己的大牌球星，他们的月薪能达到3万雷亚尔。两者之间相差达30倍之巨。

这些与个人的利益紧密关联的现实因素，对一直追求有所作为的斯科拉里来说，也同样具有诱惑力，成为他为足球拼搏的动力之一。从沙特回到国内，那些地方性和区域性的夺冠已经不能再让他满足和心动，他需要超越，需要更大的舞台。该向何处去呢？当然是那些豪门俱乐部了。

如同巴西的大牌球员与新人之间薪资上的巨大差异一样，巴西各俱乐部之间，也存在着严重的分化现象。有些俱乐部收入可观，有些俱乐部则陷入持续恶化、入不敷出的境地，优秀的足球人才必然向经营状况好的俱乐部流动。历史和现实注定了斯科拉里不甘平庸，紧随时代潮流而行，他成为了足坛教练界的“时尚”人物。

尽管斯科拉里通过执教为自己赢得了声名，但对于巴西人来说，这种声名中也包含一些负面效应——并且，这些负面效应一直伴随着他的执教生涯。这其中，就包括他的执教风格。因为他摒弃了巴西传统的华丽打法，改为以欧洲实用主义为指导的防守型打法，以致比赛场面上失去了吸引人的观赏性和有表演色彩的技术性，纯粹为了取胜而打球。

当然，人的趣味需求始终敌不过功利需求。后来的事实表明，尽管斯科拉里因恪守实用主义，坚持我行我素，而招致谩骂和批评声不断，但当比赛胜利给人带来心理上的极大满足时，还有谁会去计较他的过于实用呢？如同一些人为了出名而刻意制造出一些动静，提高在公众中的知名度一样，斯科拉里的实用主义执教风格，在客观上也起到了这样的效果，并达到了这样的目的。

球场上的千变万化总会出现让人始料不及的情形，但接过格雷米奥队教鞭的斯科拉里的头脑，比以往任何时候都清醒。他清楚地意识到，如同水能载舟亦能覆舟一样，声名虽体现着巨大的荣耀，如果不通过成绩来加以维护，转瞬就会成为身后之累，有时还会转变为洗刷不去的耻辱。所以眼下他要做的，不是去在意什么声名，而是要赶快投身于实践之中。

“千里之行，始于足下”。检验自己和证明自己的时机到了，斯科拉里高起点的人生，将从格雷米奥展开。

第二章

初涉豪门：
执教才能 赢得瞩目

如果以历史的眼光把斯科拉里所走过的路做一番总结的话，就会发现“千里之行，始于足下”这句话的真正含义。斯科拉里并没有什么过人的天赋，他的球员生涯可谓平淡无奇。他在执教初始阶段所呈现给人的“成就”除了普通还是普通。但他选择了坚守，选择了量力而行，脚踏实地，一步一个脚印地前行。他的这种处世态度，真正具有启迪人生的意义。

现实中的每个人，都会对未来有着诸多美丽的憧憬。然而，当大家都怀揣梦想投身于生活时，蓦然回首，有些人就会感觉到，在这个世界上命运之神从来只垂青于少数人，使他们功成名就。对于大多数人来说，总是难有惊人的成就，总是梦想难以实现。当他们因循着自己的梦想前进了一段时间以后，就会选择放弃，一切都交给了所谓的天意。然而，斯科拉里的人生表明，只要坚持以一种积极的心态去热爱生活、执着于事业，这样坚持下来，终有一天就会收获成功的喜悦。

从 1982 年执教阿拉戈亚诺体育中心队，到 1987 年再次执教尤文图德队，在这 5 年时间里，斯科拉里满足于自己的执教事业，但不满足于自己的执教水平。因而，他始终抱着一颗进取之心，去日积月累地不断进步。1987 年，巴西豪门格雷米奥俱乐部向他敞开了事业之门，他开始了新的梦想。

1. 格雷米奥，梦想开始的地方

在阿雷格里港，有两家久负盛名的足球俱乐部：格雷米奥和“国际”。这两家俱乐部同为巴西传统的足球十三豪门中的成员，球迷遍布巴西全国。在国际性的赛事中，他们以自己的战绩证明了非凡的实力，跻身于世界足球俱乐部中的劲旅阵列。同时，从这里也走出了一大批世界级的足球巨星，这些巨星反过来也让这两家俱乐部蜚声海内外。

1987 年，斯科拉里接过了格雷米奥队的教鞭，开始了他的“豪门之旅”。这一年，他 39 岁，处在由而立之年向不惑之年的过渡期。

格雷米奥队成立于 1903 年 9 月 15 日。1919 年成为州联赛的创始成员，1921 年夺得首个州联赛的冠军。1981 年 5 月 3 日，该队夺得首个巴西足球甲级联赛冠军。1983 年，该队在南美解放者杯决赛夺得冠军，这是该队获得的首个国际赛事冠军。同年，他们在洲际杯比赛中闯进决赛，最终击败德国汉堡队夺得冠军。在 1987 年以前，该队已连续 24 次夺得南大河州联赛的冠军。在斯科拉里到来之前，该队刚刚连续两个赛季夺得州联赛冠军。也就是说，斯科拉里是在格雷米奥队蒸蒸日上的时候走上主教位置的。从 1982 年执教阿拉戈亚诺体育中心队以来，在短短的 5 年中，他先后执教了 6 家球队，其中包括沙特阿拉伯首都利雅得的一家球队。从规模和实力上来说，这些球队都无法与格雷米奥相提并论。对斯科拉里来说，执教这些球队，只能说是增加人生历练的频次，积累经验而已，难有大的作为。斯科拉里选择执教格雷米奥，就如同下棋找高手的历练一样，是主动面对挑战。

在执教格雷米奥球队之前的1986—1987赛季，斯科拉里执教的是尤文图德队。该队同样是南大州的一支球队，俱乐部位于该州的南卡希亚斯市。在该球队，他一共执教8场比赛，所取得的成绩为2胜4平2负，胜率为25%。应该说，如果单看数据，这样的成绩确实有些不尽如人意。对教练来说，球员领会和贯彻自己的作战部署和意图，尽管直接关系着比赛的胜负，但场外的一些因素同样能影响到比赛的胜负。比方说，有些时候教练不能自己决定上场的球员，他要遵从俱乐部有违自己决策的人事安排。也许正是这些原因，导致了他此次执教成绩看起来不理想。当然，更主要的原因是，他接手该球队的时间太短。人们已经形成的共识是，任何有才华的球员，他加盟一个新环境，都需要经历一定的磨合期才能与球队合上拍。同样，对教练来说，也存在水土不服的问题。如果从这点上来看，斯科拉里带队取得这样的成绩，应该说是很正常的情况。也许是在那里，他发现了自己的优长，也许是感到在那样的球队有些委屈自己，因而也就有了向更高层次发展的想法。这应该是他最终选择离开那里的直接原因。

该去哪里呢？斯科拉里显然谙熟人往高处走的道理——最终他选择了更具挑战性，但更能让自己施展抱负的格雷米奥队。当他从年长自己4岁的乌拉圭人，也就是前教练胡安·穆希卡（Juan Mujica）手里接过教鞭时，可以想象，他的心中尽管存在压力，但更多的应是迎接挑战的激情。事后表明，他的这次选择，是他职业生涯的分水岭。从此以后，他的人生就掀开了崭新的一页，而且他在不经意间，就站到了人生梦想开始的地方。

格雷米奥队球员的服装，上身由蓝色、白色和黑色间条组成，下装为黑裤、白袜，人们习惯称它们为“三色服”。不过，它带给人们的视觉感受更多的还是大海一样的蔚蓝色。由于前两年在州联赛中，球队一路高歌猛进，所以当时俱乐部上下可谓锐气十足，大有独霸天下的雄心壮志。这种心态显然对外人具有感染力，尤其是球迷。每到比赛精彩时，热情的球迷就会渲染出一个蔚蓝的世界，这其中还伴随着被整个巴西人所赞扬的嘹亮的会歌：“即使走路也要向前，跨过每个障碍，但我们无论如何，肯定会与格雷米奥同在……”

站在高处，往往有高处不胜寒的感觉。但是，对于一个充满自信的人来说，站在高处，不仅能充分展示自我，更能极目远眺，开阔胸襟，把握住人生前进的方向。斯科拉里尽管是中途接过格雷米奥队的教鞭，但他却以超强的自信和才干引领着球队继续阔步前进。首次执教格雷米奥队，他一共执教 15 场比赛，取得了 7 胜 4 平 4 负的不俗战绩，最终夺得州联赛的冠军。

在格雷米奥，斯科拉里小试牛刀就收获颇丰，不仅为自己在业界赢得了声誉，同时也为自己积累起了更丰富的执教经验。从这点上来看，格雷米奥，可谓是斯科拉里的福地，不仅让他的职业生涯有了华丽的转身，也让他的职业素养有了质的提升。

格雷米奥，是一个让斯科拉里放飞梦想、扬帆起航的地方，也是一个让他在随后的岁月里最值得吟咏回味的地方。这是他与格雷米奥的首次结缘。纵观斯科拉里的执教生涯，他在国内俱乐部的执教时间通常都很短暂，一般在 1 ～ 2 年之间，而在格雷米奥队则前后共待了三年半。并且，2014—2015 年，他又接过了格雷米奥队的教鞭。他对格雷米奥如此情有独钟，显然缘于第一次邂逅过于甜蜜，终归成为久驻心头挥之不去的渴望亲近的情愫。

2. 中东执教，让他更上一层楼

不用多说，斯科拉里与中东球队的缘分，要早于格雷米奥队好几年。在 1984—1985 赛季，执教于沙特阿拉伯首都利雅得的艾尔·沙巴比球队就曾让他获益匪浅。

也许是对第一次执教沙特球队没有获得冠军让他耿耿于怀，也许是中东国家留给了他太多的美好印象，也许是他在格雷米奥队取得了“真经”而急于在中东一显身手，也许是这些原因的杂合，在格雷米奥队执教结束后，他选择了远赴中东，在那儿继续他的执教生涯。不过，这次他的落脚地点不是在沙特阿拉伯，而是在它旁边的科威特。他选择的是科威特的一家名叫艾尔·卡迪斯亚（Al Qadisiya）的俱乐部球队。该球队创建于 1960 年 10 月 20 日，位于科威特市。自 1968—1969 赛季获得第一个联赛冠军以来，截止到斯科拉里执教前，一共获得 6 个联赛冠军，7 座埃米尔杯。但是，到 1978—1979 赛季后，球队在这两个奖项方面均颗粒无收，一直延续到斯科拉里到来的 1988—1989 赛季，时间跨度长达十余年。从这点上来说，该俱乐部聘请斯科拉里的用意十分明显：不仅要让他担当起临时救火的消防员角色，更要让他成为传播薪火的使者角色，重振球队昔日的雄风，再现球队的辉煌。

斯科拉里到来后，将自己的执教本领毫无保留地奉献出来。先进的执教理念和新颖的技法，终于起到了化腐朽为神奇的效果——

在 1988—1989 赛季，他带领艾尔·卡迪斯亚队一共进行了 35 场比赛，取得了 13 胜 8 平 14 负的战绩。这个成绩粗看起来并没什么值得欣赏之处，但相对于长期萎靡不振的球队来说，已是昂首阔步向前迈进了。更为让球队扬眉吐气的是，在该季度的埃米尔杯争夺战中，缘于斯科拉里指挥有方，最终球队以 2 ∶ 1 战胜对手艾尔·阿拉比（Al Arabi Kuwait）队，时隔十年之久再次将埃米尔杯揽入怀中。

对于艾尔·卡迪斯亚队来说，这次重捧埃米尔杯意义非凡。因为在科威特，埃米尔杯的争夺是最为激烈的。它已成为科威特最大的足球竞赛项目。每当进入埃米尔杯决赛时，科威特的首相、第一副首相、外交大臣、国民议会长、埃米尔副部长都会出席观看比赛。所以，夺得埃米尔杯，不仅具有技术水平上的意义，更具有提高声誉和形象的意义。此外，还有一个起预示作用的现实意义，那就是艾尔·卡迪斯亚队这一次捧杯，如同解开了魔咒，一扫往昔积聚在身上的晦气，士气大振。在随后的岁月里，截止到 2014 年，球队一共夺得了 10 次联赛冠军和 8 个埃米尔奖杯。

毫无疑问，艾尔·卡迪斯亚队能够重获新生，首功当归斯科拉里——是他给球队带来了福音，是他让球队脱胎换骨，是他为球队注入了活力，从而让其获得新生。这对他个人来说，就是一种让人钦慕的传奇。这种传奇除了让他收获自信和荣誉外，也于个人情感上让他对中东这方热土表现出了格外的热爱。这可以说是一种互相促进的勉励。斯科拉里为中东球队带来福音，中东能够让他展示才华，追逐梦想，为他的事业腾飞保驾护航。在这里，既有成就感又有使命感，并能推动事业更上一层楼，给他的感受无疑是家的温馨与愉悦。显然是缘于这众多的原因，在执教艾尔·卡迪斯亚队夺得埃米尔杯之后，他又先后执教了科威特国家队、沙特阿拉伯的艾尔·阿赫利俱乐部 [Al-Ahli（Jeddah）] 球队，并再次与艾尔·卡迪斯亚队携手。

在帮助科威特国家拿到海湾杯后，斯科拉里回到巴西，在克里西乌马竞技俱乐部（Crici ú ma Esporte Clube）球队执教。这一年是 1991 年。克里西乌马俱乐部成立于 1947 年，在巴西国内属于一家小球会，基本上都是在巴西乙级甚至更低级的联赛中打发时光。在斯科拉里到来之前，在各方面都毫无建树。然而，就在这一年，在斯科拉里的带领下，竟然将巴西杯揽入怀中。这是自该家俱乐部成立以来，迄今为止所取得的最高荣誉。难怪该俱乐部的网站上这样写道："在斯科拉里教练的带领下，取得了俱乐部最伟大的壮举，夺得 1991 年巴西杯。"

斯科拉里在克里西乌马球队所待的时间很短，可以说屁股都还没坐热，一家中东球队就急急找上门来。这支球队就是沙特阿拉伯的艾尔·阿赫利俱乐部球队。所以，在这一年，即 1991 年，他欣然拿起了该队的教鞭。该俱乐部球队成立于 1937 年，在斯科拉里到来之前的 1978 和 1984 年，曾分别夺得沙特足球联赛的冠军。在 1984 年之前，曾 10 次夺得国王杯。从 1984 年后，该队就与各种大奖无缘。从这点上来看，他们急急地把斯科拉里搬来的意图就是寄希望于斯科拉里身上那种化腐朽为神奇的力量，将球队从萎靡中拉出来，重现往昔的辉煌。所以，斯科拉里此次前来，首要的任务就是替俱乐部救火。对斯科拉里来说，这次救火不但任务重，而且时间紧迫。事后表明，斯科拉里此次前来，果然不负重托——在短短几个月的时间内，他就带领球队杀进了沙特联合会杯决赛。虽然最终在决赛中惜败于对手，夺得了亚军，但是，这个奖项足以一扫以前积聚在球队身上的颓气。对球队来说，自 1984 年以后，再夺得亚军之类的奖项已是十分难得的事。单就这个联合会杯亚军来说，此后他们直到 1996 年才再次触摸到。

在阿赫利俱乐部球队，同样是来去仓促，屁股还没坐热，斯科拉里以前的老东家、科威特的艾尔·卡迪斯亚俱乐部球队就再次向他发出了殷切的召唤。于是，1992 年年初他响应召唤，重返故地，替老东家担起了调兵遣将的重任。在这里，他如同在创造神话，带出了一个气势如虹、无惧无畏的王者之师。在他执教的 14 场比赛中，球队取得了 7 胜 6 平 1 负的骄人战绩，并一举将阔别 14 年之久的科威特联赛冠军奖杯拥入怀中。

在中东，斯科拉里以他的神奇赢得了普遍的尊重。同时，也让他的执教生涯发生质的转变，让他从普通级别一跃成为广为世人青睐的世界级教练。从此，他在足球界声名鹊起，备受瞩目，被世界顶级俱乐部纳入视野。

3. 执教科威特国家队，拿到了海湾杯冠军

谈到斯科拉里在中东的执教时光，就有必要重点提一下他于1990年执教科威特国家队的经历。

科威特国家队成立于1952年，于1964年加入国际足联。在斯科拉里执教前，尤其是进入20世纪70年代以来，该队在亚洲稳居强队之列，在海湾地区是想当然的老大。1976年，他们夺得亚洲杯亚军。四年后的1980年，他们终于将亚洲杯的冠军揽入怀中。此后，他们还分别夺得亚军、季军和殿军各一次。1982年，该队杀进世界杯决赛圈，最终因分别输给了英国队、法国队而止步。但是，也就是从那时起，科威特队似乎一次性耗尽了全力，在此后的各种大赛中，均无所建树。

斯科拉里能被科威特国家队相中，显然与他在艾尔·阿赫利俱乐部球队的神奇表现有关，而让他执教国家队，同样怀有急切的功利思想。首先，就是冲着夺取海湾杯而来。因为这一年，第10届海湾杯战役将在自家门前打响，身为东道主的科威特，自然不会放弃在自家门前捞金的机会，何况还有更多荣誉方面的考量。

海湾杯足球赛于1970年创办，每两年举办一次。起初成员为海湾（环波斯湾）七国：沙特阿拉伯、阿联酋、卡塔尔、巴林、阿曼、伊拉克和科威特。1992年，因为伊拉克入侵科威特而被逐出比赛，直到2004年才获准回归。到第16届时，增加了也门。所以，

目前的海湾杯参赛队伍共 8 支。

斯科拉里于 1990 年 1 月 27 日执鞭上任，到 2 月 21 日时海湾杯开战。作为东道主，自然是首先上场亮相。当时的赛制是传统的小组单循环制。在首战中，他们的对手是巴林队。巴林国家同样不大，但是巴林足球队在整个海湾地区来说，堪称另类。因为巴林球员普遍身材高大，作风硬朗，颇具欧洲足球的风格。以往的赛事表明，他们是强队的麻烦制造者。对于这样一支球队，不容任何人小觑。从这点来说，斯科拉里就如同刚学理发就遇上了个大胡子——遭遇了难题：既要在极短的时间内磨合团队，鼓舞起团队士气，又要消灭拦路虎。从事实上来说，参赛的每支球队都有自己的优势和强项，而这对于别人都是拦路虎。那么，斯科拉里该怎么面对呢？对于外人来说，也只能是看看热闹。他们所能得出的结论，只能从数据中来——不管斯科拉里当时做出了怎样的努力，发挥出了怎样的才干。那么，这次比赛斯科拉里将向世人奉上什么样的数据来证明自己呢？

在 2 月 21 日对阵巴林的首战中，取得的是 1 ∶ 0 小胜的战绩；在 2 月 25 日对阵阿曼的次战中，取得的是 1 ∶ 1 的不败战绩；在 3 月 7 日对阵卡塔尔的战斗中，取得的是 2 ∶ 0 完胜的战绩；在 3 月 9 日对阵阿联酋的决赛中，取得的是 6 ∶ 1 大胜的战绩。最终，科威特队以 3 胜 1 平高出第 2 名 6 分的不败战绩夺得第 10 届海湾杯冠军。距他们 1974 年首夺海湾杯冠军，已过去了 16 年。所以，这次他们重新夺杯，意义非凡，可以说既提升了球队的士气、鼓舞了球队的斗志，还凝聚了人心、增加了球员的自信。这次捧杯，斯科拉里无疑是最大的功臣。事后，科威特队直到 2003 年，时隔 13 年才又重新获得海湾杯冠军。如此看来，1990 年斯科拉里率队夺得海湾杯，无疑带有历史的厚重感。

1990 年，斯科拉里带领科威特国家队夺得海湾杯冠军后，他的使命并没有就此终结，而是继续率领球队进行集训、征战。直到这一年的 8 月，他才回国执教克里西乌马竞技俱乐部球队。

如果算上前后在艾尔·卡迪斯亚队执教的时间，斯科拉里在科威特执教的时间一共不过三年半。但是，他带给科威特足球的却是一种可以铭记终生的物质和精神财富。多年以后，科威特人对他的那段执教经历和带给科威特足球的积极变化仍然念念不忘，表现出了对他的无比尊崇。2004 年 7 月 20 日，在亚洲杯比赛期间，搜狐体育记者采访时任科威特队主教练的伊布拉希姆时，他说出了这样的话："加强队伍的攻击力，场面要打得好看，无论输赢都要进攻，龟缩后场固然可能不失分，但是那不叫足球。我带队的榜样就是斯科拉里，我就是要把队伍带成像是斯科拉里带出来的一样。"如果按最迟的 1992 年斯科拉里离开科威特时算起，至伊布拉希姆说这番话时，时间已过去了 12 年。12 年时间，足以让一个天真少年长成壮小伙，让人的记忆追逐时光的脚步吐故纳新。但是，在科威特国家队，人们无法忘记斯科拉里，仍然将其当作榜样。

在科威特国家队官方网站上这样写道："Kuwait's most historical manager is Luiz Felipe Scolari, who won the world cup with Brazil national team, was forced to leave the country after the 1990 invasion in Iraq. He led Kuwait to win the 1990 Gulf cup beating Qatar in The Final。"这段话翻译过来大意就是：科威特最具历史意义的教练是路易斯·菲利佩·斯科拉里，他带领巴西队夺得世界杯冠军。在 1990 年带领科威特队夺得海湾杯冠军。在科威特国家队执教过的教练当中，除了斯科拉里，再也没有第二个人被称作"最具历史意义"的

教练。这可以说是科威特人对斯科拉里表现出的由衷敬意。

那么，斯科拉里对科威特又表现出了什么样的情感呢？时隔多年以后的 2014 年 2 月，斯科拉里已身为世界杯东道主巴西队的主教练。当有记者问他夺取世界杯冠军的决心时，他毫无掩饰地说道："如果我们没能赢得世界杯，那么我会去科威特寻求政治避难。我们尊重我们的对手，但是我们已经准备好去赢得世界杯。"虽然当时人们把这番言论当作了笑话，但如果细心深究一下，谁都会发现，在当今世界上，中东地区是最不适宜做政治避难的选择地，何况那里一些地区仍是这个世上战争最为频发的地方。所以，斯科拉里以所谓玩笑的方式把科威特当作自己的政治避难之地，他这种看似无心的用意实质上恰是最有心的流露：在这个世上，最让他寄予深情厚意的地方，非科威特莫属。

一个地方，既成就了自己事业的梦想，也给自己留下了终生难忘的美好印象，时隔 22 年仍能让自己念念不忘。那么，这样的地方不是故乡，胜似故乡。从斯科拉里看似无心的话语里，可以看出，科威特是一个可以让他的心灵找到寄托的地方。所以，对斯科拉里来说，他的科威特之旅，收获的不仅是夺取冠军或取得优异成绩所带来的那种荣耀，更重要的是那种让心灵获得安宁的踏实感和幸福感。

第三章

崭露头角：

带队横扫南美

“不积跬步，无以至千里”。每一个成功之人都是从身边事做起，而且是从小事做起。这样日积月累，做着做着，就会于某一天突然发现：成功，不再是远近的问题，而是被自己踩在了脚下。斯科拉里就是这样走向成功的，并且有着这样的人生际遇。

斯科拉里的第一个人生转折点，就是从 1993 年再度执教格雷米奥队开始的。在这次执教过程中，他遵从俱乐部的部署，有取舍，有重点，一步一个脚印，先后将巴西杯冠军、南美解放者杯冠军、巴西甲级联赛冠军和南美优胜者杯冠军等诸多奖项揽入怀中。为俱乐部创造出了巨大的社会效益，为他本人赢得了巨大声誉，从而奠定了他作为知名教练的名誉，让他从诸多教练员中脱颖而出，进而开始了向欧洲顶级俱乐部问鼎的新征程。许多时候就是这样，当选准行动目标后，接下来所要做的就是坚持、努力。在前进的道路上，所谓的捷径就是经历无数个失意过后，总结出成功的经验。这就是斯科拉里所践行的对生活的态度。

1. 成为地区球队的主教练

1987 年，斯科拉里带领格雷米奥队夺得州联赛的冠军。然而，造化弄人，短短几年过去，昔日的豪门突然间黯然失色。1991 年，即斯科拉里带领克里西乌马球队夺得一直让他们引以为荣的巴西杯，以及带领沙特阿拉伯的艾尔·阿赫利队夺得久违的沙特联合会杯亚军的那一年，格雷米奥队以糟糕的成绩降入乙级队。在两年前的 1989 年，他们还夺取了俱乐部的首个巴西杯。可以说，事情的变化真让人有些猝不及防。

显然是有过痛定思痛的过程，当格雷米奥队 1993 年重返甲级联赛之后，他们立即四处物色教练人选，期望俱乐部球队有更大的提升：不单纯是保留甲级联赛资格，而是要让球队重现豪门风采，恢复王者风范。最终，在中东表现抢眼的斯科拉里就成了不二人选。双方一拍即合，斯科拉里从原教练卡西亚（Cassiá）手中接过教鞭，开始在故乡大放异彩的执教经历。

原教练卡西亚（1977—1979 赛季，他是格雷米奥队球员）比斯科拉里小 5 岁，1991—1992 年在南大河州的佩洛塔斯（Pelotas）俱乐部球队执教。1993 年转向里奥布兰科（Rio Branco-SP）俱乐部球队执教，于中途转向格雷米奥俱乐部球队，从原教练卡佩罗·布拉克（此人也是 1993 年刚刚接手格雷米奥队的教鞭，可说是连坐都还没坐稳就被人夺了“权”。不过，在随后的时光里，他知耻而后勇，成为格雷米奥同城国际队这样豪门球队的教练，最终成为在巴西乃至国际上享誉足球界的知名教头）手中接过教鞭。时年他 40 岁，随后他在葡萄牙人（Portuguesa de Desportos）队中执起教鞭，打发了一年时光。

格雷米奥俱乐部如此频繁且不近人情地换帅，与其说他们过于急功近利，不如说他们有更高的追求。这也难怪——一个本是如日中天的豪门，突然被降入乙级队，这就好比在大庭广众前被人扇了巴掌一样，对任何一个有气节的人来说，这都是奇耻大辱。那么，该怎样洗刷掉它呢？最好也是最有效的办法就是以成绩说话。在他们的目标中，像卡西亚带队所取得的这个州联赛冠军，对他们来说也没什么意义。他们的目标在高处，最实际的就是夺得联赛的冠军，最高的目标就是夺得为世人所瞩目的解放者杯。人有失手，马有漏蹄，但回头是岸。一旦实现这些目标，不但能挽回颜面，排除胸中的郁气，还能重塑豪门形象，赢得广大球迷和社会各界的尊重。斯科拉里在国际上的出色表现，尤其是他屡屡担当起救火员的角色且每每让人大喜过望的传奇经历，自然会成为吸引格雷米奥俱乐部高层格外青睐他的重要因素。对于斯科拉里来说，在故乡能被人看重，那么挑起大梁也就是自己的责任与使命。于是，从科威特回国后，他便一门心思扑在专职上。

然而，不知是受今非昔比思想影响还是与时而变的理论支撑等原因，自打联赛战火燃起之后，斯科拉里在格雷米奥队的执教风格就遭到了巴西媒体的猛烈批评。谁都知道，巴西足球的风格，在强调技术的同时，更强调个人创造力；代表性战术是中前场换位进攻，同时讲求边锋的及时配合。这种风格呈现出来的就是打法灵活，注重攻守平衡；球员的个人技术活灵活现，让人眼花缭乱，但又有实效。往往一两个球星那么灵光一闪，就能解决问题，战胜对手。但斯科拉里的战术运用，重在强调实用。由于这种打法注重团队配合，注重防守，所以球员在场上也就没有了那种让人赏心悦目的华丽脚法、来去自如的穿梭身姿，以及十八般武艺各显神通的技能，有的只是粗糙但实用的鱼跃冲顶和盯住对方的死搅蛮缠。这种打法就是典型的防守反击战术。

面对各种批评，斯科拉里我行我素，坚持自己的立场毫不动摇。他知道，对付舆论的最好办法就是以事实说话。1993 年，格雷米奥队在争夺巴西杯的最终决赛阶段，以 1 ∶ 2 的比分惜败于克鲁塞罗（Cruzeiro Esporte Clube）球队。在紧随而来的下一年度中，夺取巴西杯冠军就成为俱乐部的首选目标，而在联赛中夺取好成绩，力争拿到解放者杯的直接入场券则是其第二目标。实现这两个目标，既是对教练的考验，也是体现教练价值的所在。此时的斯科拉里，对此已是驾轻就熟，一切从容应对。他首先要做的就是夺取 1994 年巴西杯的冠军。

1994 年 2 月 18 日，巴西杯争夺战正式开战。格雷米奥队首个对手是克里西乌马竞技俱乐部球队。1991 年，斯科拉里曾在该俱乐部执教过。此番面对老东家，他没有半点儿留情面的想法。在两队循环赛中，先在客场以 2 ∶ 2 逼平他们，然后在主场锁定 2 ∶ 1 的胜绩把人家提前打发出了争夺战阵营，进入 16 强。在 16 强赛中，他们以一胜（2 ∶ 0）一平（2 ∶ 2）的成绩将来自圣保罗市的科林蒂安斯（Corinthians）队挡在门外。在 8 强赛中，他们主、客场全胜（比分均为 1 ∶ 0），淘汰了来自萨尔瓦多的维多利亚队，成功进入半决赛。在这个赛段，他们的对手是来自里约热内卢的瓦斯科达伽马（Club de Regatas Vasco da Gama）队。该队一直称雄于巴西甲级联赛，在距离这次争夺赛较近的 1989 年，他们夺得了联赛的冠军。对于这样一支传统强队，斯科拉里的实用主义战术思想起了作用。结果，在客场他们以 0 ： 0 守和，取得宝贵的客场分。回到主场，他们以 2 ： 1 力克对手，成功杀进决赛。

可以说，根据通常情况，斯科拉里已经将巴西杯揽入怀中。因为在决赛阶段，他们的对手是来自塞阿拉州福塔雷萨市的塞阿拉竞技（Ceara SC CE）队。该队除了称雄于本州联赛外，于其他各种大赛方面均毫无建树。在甲级联赛中，也没取得过像样的名次。要说有什么不同的话，就是这一年的巴西杯争夺战一直延续到 8 月份。然而，当该队前来做客时，格雷米奥队竟然破门乏术，如同狗咬刺猬一样，根本找不到下手的地方。最终，双方 0 ： 0 互交白卷。这样，就把压力推向了格雷米奥队，即把压力推到了斯科拉里头上。

真正的决赛开始于 8 月 10 日。这是一场关系生死的较量，从某种意义上来说，也是关系斯科拉里个人荣辱的一战。体现个人价值的一战开战后，明显可以看出，斯科拉里所使用的战术还是他惯用的防守反击。靠这一招，他再次笑到了最后——最终以 1 ： 0 战胜对手，帮助球队于 1989 年后再次夺取巴西杯冠军。

从这次巴西杯争夺战中可以看出，斯科拉里的取胜之道就是实用的防守反击打法。尤其是在后两场比赛中，这种战术意图格外明显，连对阵塞阿拉竞技这样的二流球队，也显得放不开手脚似的。这种打法尽管超出了一般巴西人的心理认知极限而备受诟病，但它那显而易见的功利性却让各俱乐部趋之若鹜。这也就让斯科拉里能够放开手脚，一路使用下去，并一路见证着各种传奇发生。另一件对他来说具有实际意义的事情是，这次夺得巴西杯冠军，让他在格雷米奥队主教练的位置上坐稳，从而得以继续书写传奇。

2. 带领格雷米奥，首夺南美解放者杯

夺得巴西杯，不仅为格雷米奥队赢得了荣誉，更赢得了自信，也为斯科拉里赢得了一定的声誉。不过，对俱乐部高层以及斯科拉里来说，满足于巴西杯这样的国内赛事而沾沾自喜，终归是缺乏进取心的表现。作为有志气的团队和有追求的个人来说，他的眼光应该是超前的、国际性的。所以，当巴西杯一结束，他们便提出了具有挑战性的目标——夺取下一年度南美解放者杯。这对格雷米奥队来说，如果能够称心如愿，不仅可以排除因降级而带来的晦气，还能在同行内真正端起豪门的架子。于是，新的征程就这样出现在斯科拉里的面前。

1995 年南美解放者杯于本年的 2 月 8 日开赛。在小组循环赛阶段，格雷米奥队抽到第 4 小组。该小组中一起争夺的对手有来自国内圣保罗州的帕尔梅拉斯（Palmeiras）队，另两支均来自厄瓜多尔，分别是艾米力克（Club Sport Emelec）队和民族竞技俱乐部（Club Deportivo El Nacional）。帕尔梅拉斯队同样是巴西球会中的一支劲旅，分别夺得了 1993 年度和 1994 年度巴西甲级联赛冠军。对斯科拉里来说，没想到日后他会与该球队结缘，并率领该球队夺取了 1999 年南美解放者杯冠军。当然，这是后话。回到眼前，在这个小组中，帕尔梅拉斯的实力是明摆着高人一筹的。经过较量，最终他以 4 胜 1 平 1 负积 13 分的成绩居小组第一，昂首出线。斯科拉

里带领的格雷米奥队以 3 胜 2 平 1 负积 11 分的成绩居小组第二，紧随着出线，进入淘汰赛。

在淘汰赛的 8 强争夺战中，格雷米奥队的对手是循环赛第 2 小组中同样获得第 2 名的来自巴拉圭的劲旅奥林匹亚（Olimpia）队。该队已是 1979 年和 1990 年两度解放者杯冠军的获得者，在 1979 年还夺得洲际杯冠军和美洲杯冠军，在 1990 年夺得南美超级杯冠军，在 1991 年夺得南美优胜者杯冠军，在 1992 年夺得南美足协杯亚军，并且分别在 1960 年、1989 年和 1991 年夺得解放者杯亚军。仅从该队获得的这些荣誉来看，他们无论从参加大赛的经验还是自身所具有的水准，都在格雷米奥队之上。不过，也许正是缘于这些，才让他们变得过于自负，从而小觑了对手。结果在战场上，当他们还操动着优雅的技法来显示自己的魅力时，没想到正中了老谋深算的斯科拉里的诡计。结果斯科拉里那套以不变应万变的防守反击的打法再显神效，可以说打了对手一个措手不及，最终只落得个仰天长叹。两队相遇，首回合格雷米奥队做客，结果来了个 3 ∶ 0 的大胜；回到主场，让奥林匹亚队连吞 2 蛋，以 2 ∶ 0 完胜的比分让对手落荒而逃。这次，他们以骄人的战绩昂首进入 8 强赛。

在 8 强赛中，对斯科拉里来说，可谓是印证了中国的一句俗话——不打不相识。因为这次的对手恰是来自国内的劲旅，即小组循环赛中的帕尔梅拉斯队。该队携 1993 年和 1994 年连夺两届冠军之势，并且在小组循环赛中力压格雷米奥队出线的实情，但他们也犯了轻敌的毛病。在他们看来，格雷米奥队刚从乙级队爬上来，在上一届（1994 年）联赛中仅获得第 11 名的成绩，显然元气已经大伤，再也不是昔日的豪门。轻敌乃兵家大忌，注定了要栽跟头、吃苦头。果然，当他们迈着大步做客格雷米奥球场时，被斯科拉里找准了他们的软肋，给他们来了一顿猛揍，揍得他们丢盔弃甲，叫苦不迭。那场比赛，格雷米奥队给他们狂灌了 5 球，以 5 ： 0 的大比分让对手为自己的轻敌付出了沉痛的代价。

对于帕尔梅拉斯这样的强队来说，以 0 ： 5 的大比分落败，在历史上还是前所未有的，这简直就是奇耻大辱，而这也就注定了下一回合的比赛必是一场你死我活的血战。果然，当斯科拉里带着满满的自信来到帕尔梅拉斯球场时，战斗的进程让他如同在经受人生的一场生死考验。那场比赛，对手同样给他们狂灌进 5 球。幸运的是，队员们在关键时刻打进对手 1 球，最终就凭这一客场进球的微弱优势有惊无险地闯进 4 强赛。

与帕尔梅拉斯队这一番较量，除了让斯科拉里有了跌宕起伏的心理感受和体验到成功的艰辛外，从另一个角度来说，通过这场比赛也让他加深了对帕尔梅拉斯的了解和认知，从而为他 4 年后率领该队夺取解放者杯埋下成功的伏笔。

在 4 强赛中，斯科拉里可以轻松地出一口气。因为他所遇到的对手，就是在小组循环赛中于各方面都居于自己下风的艾米力克队。

艾米力克队以小组第 3 名的成绩进入循环赛。在 16 强赛中，他们遇到的对手是来自巴拉圭的波特尼奥山（Cerro Porteño）队。两队在主场都取得了 2 ： 0 的比分，最终通过点球以 5 ： 4 淘汰对手。在 8 强赛中，他们遇到的对手是来自秘鲁的水晶体育（Sporting Cristal）队。两队交手后，艾米力克队分别以主场 3 ： 1 和客场 1 ： 1 的成绩淘汰对手，从而与格雷米奥队相遇。

在战略上可以藐视对手，但在战术上，斯科拉里丝毫没有轻敌的杂念。兴许是出于保存实力方面的考虑，在对阵艾米力克队时，他采取了极其保守的打法，将防守反击贯穿到底。在客场之战中，他首先要求球员做到力保自己的城门不失。这样，他们也就放弃了进攻是最积极的防守这一理念。最终，在客场两队互交白卷，以 0 ： 0 的比分收场。回到主场，他并没改变多少战术思路，只是在排兵布阵时做了些有针对性的调整。事后表明，他的调整是有效的——最终球队以 2 ： 0 的比分完胜对手，成功杀进决赛。

在决赛中，格雷米奥队的对手是来自哥伦比亚麦德林市的国民竞技（Atletico Nacional）足球队。该球队曾夺取 1989 年度的南美解放者杯冠军和洲际杯亚军，在 1990 年他们还夺得美洲杯冠军与南美优胜者杯亚军。可以说，他们不仅有成功夺冠的经验与实力，而且在国内顶级联赛中风头正劲——1991 年夺得联赛冠军，1992 年夺得亚军，1994 年再度夺得冠军。这次，他们乘着破竹之势，誓将解放者杯揽入怀中。

从某种意义上来说，这也是一次体现两国足球水准的比赛。因而，对斯科拉里来说，夺取解放者杯已是巴西国内人心所向，众望所归。幸运的是，斯科拉里并没有辜负广大球迷和社会各界的期盼，通过精准的战术安排，最终如愿以偿。在两队首回合对阵中，他借主场之利，以 3 ： 1 的胜绩吃到一颗定心丸。8 月 30 日，关键性的时刻到来。做客国民竞技球场时，他沿用防守反击的战术，最终取得 1 ： 1 的比分，从而以一胜一平的成绩淘汰对手，毫无争议地捧起了解放者杯。

格雷米奥队于 1983 年已经夺取过解放者杯。因而，这次他们重新捧杯，颇有锦上添花的意趣。但对斯科拉里来说，就有另一种人生升腾的意趣在里面了。因为这是他执教生涯中第一次带队夺得最高荣誉。这种荣誉，对南美乃至美洲足坛人士来说，都具有里程碑的意义；对教练来说，这不仅体现了个人的执教水准，也体现了一种基于职业之上的人生价值。因而，这次带队夺杯，可以说既是斯科拉里职业成功的标志，也是他的人生迈上新台阶、新境界的标志。

3. 执教生涯的第一个里程碑

1995年，在斯科拉里的带领下，格雷米奥队除了夺得南美解放者杯这座体现最高荣誉的奖杯外，还夺得了州联赛的冠军和巴西杯争夺战的亚军。但是，在另一项重要赛事，即甲级联赛当中，他们取得的成绩再次向俱乐部亮起了红灯——球队再次滑向了降级的边缘。自1993年升级以来，到1994年，球队在甲级联赛中的成绩排名都处于中下游的第11位。到1995年，成绩不升反降，仅排在第15名。在1991年，他们是在联赛第19名的位置上被降级的。

其实，对球队在联赛中取得的名次较差的原因，格雷米奥俱乐部高层是心知肚明的。就拿1995年来说，这一年他们的首要目标是争夺解放者杯，而他们对巴西杯也寄予了很高的期待。解放者杯争夺战于2月8日开战，在紧随其后的2月14日，巴西杯争夺战也开战，还有正常进行的甲级联赛。这些比赛靠的都是激烈的对抗。对于一个板凳深度不太厚的球队来说，往往就会出现疲于奔命的情形。这也可能是俱乐部于比赛捉襟见肘的情况下，决定把主要精力放在夺取解放者杯身上的主要原因。

也就是说，导致球队在联赛中取得较差成绩的原因不在教练身上，不在球员身上，而在于球队缺乏足够的资源来满足各项赛事的需要这一客观事实上。既然解放者杯已经如愿夺得，那么，接下来球队的重心就应该转向提高球队的技术水平与球队在联赛中的成绩上来。这可以说是俱乐部的当务之急，也成了斯科拉里必须担起的重要职责。对俱乐部高层来说，他们的目标更高，希望斯科拉里不仅仅是提升球队的名次，而是要让球队走进联赛第一方阵之列。从这点上来说，斯科拉里带领球队争夺联赛成绩，就显得有些受任于败军之际、奉命于危难之间的意味。

巴西足球甲级联赛实行单年度主客场双循环赛制。以 1996 年为例，当时共有 24 支球队参赛，将比赛分为两个阶段。第一阶段，每两支球队之间进行比赛，完成各自的主客场之战。也就是说，每支球队一共进行 23 场比赛。到比赛全部结束时，第一阶段随之结束。这时，处在比赛最末的两支球队直接降级（当年降级的是弗鲁米嫩塞队和巴甘蒂诺队）。处在前 8 名的球队再进行淘汰赛。规则是，第 1 名和第 8 名、第 2 名和第 7 名、第 3 名和第 6 名、第 4 名和第 5 名之间再进行对抗，胜者进入 4 强赛，输者直接被淘汰。在 4 强赛中，第 1 名和第 8 名的胜者与第 4 名和第 5 名的胜者进行对抗，余下两组的胜者进行对抗。然后，在对抗中取胜的两支球队进入决赛，争夺冠军。这就是奇特的巴西联赛规则（自 2003 年起，巴西联赛的赛制除了赛季设置不变外，其余改为与欧洲联赛相同，即不跨年，以年度为一个赛季；采用欧洲联赛的双循环及升降制的办法。这样，联赛结束冠军和各球队的名次就落定了）。

1996 年，巴西甲级联赛第一阶段下来，格雷米奥队只获得第 6 名。在 23 场联赛中，取得了 11 胜 5 平 7 负积 37 分的成绩。处在它上游的从第 1 名克鲁塞罗队起，依次为瓜拉尼（Guarani）队、帕尔梅拉斯队、巴拉那竞技（Atlético Paranaense）队和米内罗竞技（Atlético Mineiro）队；处在它下游的是戈亚斯（Goiás）队和葡萄牙人队。

第二阶段的比赛于同年的 8 月 8 日打响。根据规则，8 强赛中格雷米奥队的对手是可称为老对手的帕尔梅拉斯队。对于该队，斯科拉里似乎总能找到制胜的秘器。最终，在主场他们以 3 ： 1 战胜对手，在客场他们以 0 ： 1 小负，依靠净胜球的优势进入 4 强赛。在 4 强赛中，他们的对手是戈亚斯州队。

戈亚斯州队成立于 1943 年。虽然它是一支老牌球队，但在巴西甲级联赛中，它的名气并不响亮，基本上处于中不溜儿的位置。在此前，他们所取得的最好战绩是于 1990 年夺得巴西杯的亚军，然后就是包括 1996 年在内的 14 次州冠军。1993 年因倒数第 1 名（第 26 名）的成绩而降入乙级队伍。他们在联赛中取得的最好成绩是 1983 年的第 7 名和 1995 年取得的第 8 名。

对于这样一支没什么厚度，但近期风头正劲的球队，斯科拉里还是予以了足够的重视，没有掉以轻心。最终，在主场他以 3 ： 1 的比分和客场 2 ： 2 守平的比分将对方淘汰出局。这样，格雷米奥队就与联赛冠军只有咫尺之遥。

让人大跌眼镜的是，与格雷米奥队站在决赛线上的竟然是葡萄牙人队。1993 年，斯科拉里接手的前教练卡西亚离开格雷米奥后投奔的就是该球队。

葡萄牙人队位于圣保罗州，成立于 1920 年，在联赛中乏有建树。迄今为止在历史上只获得过 3 次州联赛冠军（分别是 1935 年、1936 年和 1973 年）。这也是他们此前所取得的最好成绩。不过，就像人不可能一辈子走霉运一样，也许是缘于别人的轻敌，在这年的联赛中，在第一阶段他们取得了第 8 名的成绩。进入第二阶段的淘汰赛后，他们居然在主场以 3 ： 0 大胜当时排在第 1 名的克鲁塞罗队。这在当时绝对是个超级冷门。在客场对阵时，他们仅以 0 ： 1

的小负而淘汰对手，闯进 4 强赛。在 4 强赛中，他们遇到的对手是巴拉那竞技队。

巴拉那竞技队于 1995 年刚从乙级队爬上来。该队凭着别人对自己球风的不熟悉以及自己身上还保留的那股拼劲儿，在联赛第一阶段，居然拿下了第 4 名。这次，他们对实力并不占优的葡萄牙人队，也显出了志在必得的气势。没想到在自家门口，竟然马失前蹄，以 0 ∶ 1 的比分被葡萄牙人队欺负。到他们做客葡萄牙人队时，尽管他们使尽浑身解数，最终还是回天无力，只取得 2 ∶ 2 的平局。

葡萄牙人队可谓越战越勇，谁也不放在眼里。当格雷米奥队前来做客时，他们竟然以 2 ∶ 0 的完胜实实在在地羞辱了客队一番。这场失利，差点儿把斯科拉里刚刚建立起来的人望消散于无形。这让斯科拉里一时显得十分被动。回到主场时，他自然是一门心思地研究翻身取胜之术。决定冠军归属的战斗在 12 月 15 日打响。这次，斯科拉里使尽浑身解数，也没做到干净利落地收拾人家，最终以 2 ∶ 0 的比分还人以牙。两队在决赛中的比分完全相同，而由于格雷米奥队在第一阶段与葡萄牙人队的战绩中居优，这样他们就颇为幸运地捧起了 1996 年度的联赛冠军奖杯。

从斯科拉里执教的经历来看，似乎运气总是站在他那一边。就拿 1996 年联赛夺冠来说，如果按照现行的欧洲或亚洲的联赛规定，格雷米奥队无论如何都是与冠军无缘的。偏偏巴西足坛来了个第二阶段的比赛，而且在比赛中斯科拉里遇到的居然都是排名较后的两支球队，甚至最后两队战绩相同时，规则又站在了他的那一边。这只能用带宿命的话来解释：吉人天相，关键时刻总会天助。

只是，这一次夺冠，对斯科拉里个人的命运来说，那就具有不同凡响的意义了。再回过头就可看到，他在格雷米奥队执教期间，分别带队夺取了 1994 年度巴西杯冠军、1995 年度和 1996 年度州联赛冠军、1995 年度巴西杯亚军和南美解放者杯冠军、1996 年联赛冠军和南美优胜者杯冠军。这么多的成绩和荣誉，难道仅靠运气就能得到吗?

人心明如镜，斯科拉里在格雷米奥队的表现，充分证明了他的技术水准之所在，这也是人们把他与一般的教练区别开来的标志。从此，他昂首迈进了国内外知名教练之列，他的人生也迈向了一个新的高度。由此看来，他在格雷米奥队执教的这段经历，对他的人生具有里程碑意义，将会引导他迎接更广阔的未来。

需要提及的是，1996 年斯科拉里率领格雷米奥队不远万里来到中国，开始与中国的第一次接触。当时，他的队伍与北京国安队进行了一场商业比赛。针对当时场上的情形，尤其是裁判的执法水准，他发出了至今仍让人深省的逆耳忠言。

第四章

创造神奇：
再夺南美解放者杯

事业为生活添色，生活因事业而精彩。斯科拉里在格雷米奥队大放异彩的表现，让他四处逢源，海内外的一些知名球队无不向他伸出橄榄枝，希望借助他的神奇再创神奇。

于是，1997 年 7 月，他的身影出现在遥远东瀛的磐田喜悦俱乐部。在那里，虽然他的执教时间不过短短的半年，但他的表现赢得了俱乐部的广泛赞誉，被称赞为创造了一段光辉岁月。也就是在这时，他的神奇受到国内老牌劲旅帕尔梅拉斯俱乐部的青睐，并向他伸出橄榄枝。于是在 1998 年 1 月，他开始在帕尔梅拉斯的执教历程。接下来，一些荣誉开始围绕帕尔梅拉斯球队。1998 年，该队历史性地夺取了巴西杯的冠军；1999 年，该队成功夺取曾经 13 次叩关均无功而返的南美解放者杯。这两个大奖的获得，为俱乐部赢得了历史性声誉，取得了历史性突破，也为斯科拉里聚起了更多的光环。

1. 帕尔梅拉斯，创造神奇的地方

1997 年，斯科拉里带领格雷米奥队横扫南美的壮举，深深吸引了太平洋岛国日本一家俱乐部的目光。随即，它向斯科拉里发出邀请，而它就是磐田喜悦足球俱乐部。该俱乐部位于日本静冈县的磐田市，成立于 1972 年。1994 年成为 J 联赛会员，参加 J 联赛比赛。

静冈县被称为日本的足球之乡，这里无论大人还是小孩，对足球运动都情有独钟。这里除了拥有 3 支职业球队以外，还拥有大大小小的业余球队 1400 余支。这样的足球氛围，对任何热爱足球事业的人来说，都极具感召力。于是，1997 年 7 月，斯科拉里的身影就出现在那里，挥舞起了磐田喜悦队的教鞭。他在那里执教一共才 6 个月，交出的是什么样的成绩呢?

在这 6 个月里，他带领球队一共参加了 30 场比赛，取得了 20 胜 0 平 10 负的骄人战绩，他还让该队打破了一个“千年老二”的魔咒，成功夺取联赛杯冠军。到年终时，球队成为 J 联赛第一阶段的冠军。至今，该俱乐部仍把由斯科拉里引领而来的那段时光，称为俱乐部的光辉岁月。

就在斯科拉里在东瀛继续书写佳绩时，远在祖国的一支俱乐部向他发出殷切的邀请。它就是帕尔梅拉斯足球俱乐部。从此，在巴西国内，又将有一段光辉岁月陪伴他而来。

帕尔梅拉斯足球俱乐部（Sociedade Esportiva Palmeiras）位于

巴西的圣保罗州，由4位居住在圣保罗州首府圣保罗市意语区的意大利裔移民于1914年创立。圣保罗州位于巴西的西南部，与南大河州接壤，是巴西经济最发达的州。这里工业生产总值占全国一半左右，主要加工和生产钢铁、汽车、飞机、电子、化学、机器设备产品，还有纺织、食品、造纸、水泥、炼油等工业。这里的咖啡、棉花、甘蔗、柑橘、柠檬产量均居全国首位，这里的铁路、公路和航空运输非常发达，可谓通江达海。圣保罗市除了州首府的地位外，还是巴西和拉美地区的金融中心。1822年，巴西就是在该市宣布独立的。这种丰富的工业环境和深厚的历史积淀，让这里成为巴西极具人气的地方。还有就是，圣保罗州高度城市化，城市人口占全州人口的93%。极具人气、人口密集，这样的条件对足球运动来说，无疑是一种天然的砥砺资源。因而，帕尔梅拉斯足球俱乐部因经济而兴，因人口而旺，成为巴西足坛上的传统劲旅，极受球迷欢迎和拥戴。在巴西，他的球迷拥有量居各大俱乐部之首。

在斯科拉里到来之前，帕尔梅拉斯足球俱乐部取得的荣誉有：1951年夺得里约杯，1963年夺得翡冷翠杯（意大利），1994年夺得名古屋杯和巴西—意大利杯，夺得1972、1973、1993、1994年度巴西全国足球甲级联赛冠军，1933年、1951年、1965年、1993年夺得里约—圣保罗杯，1995年夺得圣保罗超级青年杯，以及夺得21次圣保罗州联赛冠军。他们曾13次叩击南美解放者杯，除1961年和1968年获得亚军外，其余时间全都铩羽而归。除了1993—1994赛季他们有较好的表现外，在相当长的时间内，他们都乏善可陈。从1973年以来，在10多年的时间里，他们什么重要的奖杯都没得到。因而，他们邀请斯科拉里入伙的意图并不比别人含蓄：助力发展，求名、求提高。

1998 年 1 月，斯科拉里开始了他在帕尔梅拉斯的指挥历程。在这里，到 2000 年 6 月，两年半的时间里，他感受着球员们身着绿衣白裤、绿袜的奔放，一共指挥球队作战 254 场，取得胜 127 场、平 64 场、负 63 场的不错战绩。在 1998 年上半年，短短的 6 个月时间，他带领球队继续争取到了南美解放者杯的直接入场券。也是在这个时段内，在他的带领下，球队历史性地夺得了巴西杯。

巴西杯，是巴西国内设立的一项足球比赛冠军奖杯。参赛的队伍共有 64 支，分别代表巴西全国 26 个州以及巴西联邦区。巴西杯采用主客场淘汰制，如果首回合客队取得两球或更多的净胜球，则不需要进行次回合的较量，直接淘汰对手进入下一轮。

1998 年的巴西杯争夺战于 1 月 20 日开始，在斯科拉里的带领下，一路过关斩将，直达目标。在初回合比赛中，球队以客场 1 ： 0、主场 3 ： 0 的完胜轻松淘汰阿拉戈亚诺中心队，入围次回合 32 队循环赛。在循环赛中，他们首遇塞阿拉竞技俱乐部队（Ceará Sporting Club），最终在客场 1 ： 1 逼平对手，回到主场，来了一个 6 ： 0 的狂胜，直接将对手打回了老家，成功进入 16 强。在 16 强赛中，他们遇到了具有较强实力的博塔弗戈（Botafogo）（RJ）队。

博塔弗戈俱乐部位于巴西里约热内卢市，与弗拉门戈、弗鲁米嫩塞和瓦斯科达伽马一起，被称为里约热内卢市四大球会。在距这次巴西杯争夺战较近的 1995 年，他们的球队夺得巴西联赛的冠军。对手的实力让任何人都不容小觑。对于久战沙场的斯科拉里来说，他当然深谙这一点。不过，哪怕他在心理上有足够的准备，在两队相遇的首回合比赛中，他们以 1 ： 2 的比分在客场落败而归。回到主场，斯科拉里加强防守，不给对手任何可乘之机。最终，在主场他们守住了 1 ： 0 的比分。依靠规则，他们在客场比对手多进一球而成功晋级 8 强。在斯科拉里的执教经历中，球队有许多次与对手战平，然而规则总是站在他们这一边，“帮助”他们一路前行。看来，球队竞技如同人生拼搏一样，如果缺少一定的幸运指数的话，光靠拼搏努力往往并不能取得成功。

在 8 强赛中，他们的对手是体育（Sport）（PE）队。体育队（PE）虽然是一家成立于 1905 年的传统球队，但他们在联赛中基本上处于中下游的地位，而他们还有一个比赛特点，就是俗话说的“主场龙，客场虫”。果然，两队相遇后，他们以实际行动证明了民间俗闻的正确性。在首回合客场作战帕尔梅拉斯球队中，他们以 0 ： 2 完败。回到主场，他们似乎受到客场作战失利的影响，再也没发挥主场龙的本领，而是以 1 ： 1 的比分被逼平。对此，他们也只有唱起友谊第一、比赛第二的高调，目送斯科拉里带队继续前行，迈进 4 强赛。

在 4 强赛中，斯科拉里遇上了本次争夺道路上真正意义上的强劲对手，桑托斯（Santos）（SP）队。桑托斯俱乐部同样位于圣保罗州，地址在桑托斯市。在该俱乐部球队中，曾出现了球王贝利和内马尔这样的国际巨星。在这次对阵前，他们曾获得 6 次巴西联赛冠军、2 次南美解放者杯冠军、2 次洲际杯冠军和 15 次圣保罗州联赛冠军。对这次巴西杯，他们同样是势在必得。果然，在首回合比赛中，他们坐镇客场便给斯科拉里制造了麻烦，以 1 ： 1 的比分取得了宝贵的客场分。对于擅长作战的巴西各球队来说，谁如果在客场得分，往往就意味着谁难稳操胜券。这也就逼迫着斯科拉里放弃了一味防守的战术。当他们做客桑托斯球场时，除了积极进攻，别无选择。最终，在客场他们竟以 2 ： 2 的比分同样逼平对手。因为客场比对方多进一球，所以他们成功挺进了决赛。

与他们进行决赛的对手是克鲁塞罗队。克鲁塞罗足球俱乐部成立于 1921 年，是一家位于巴西米纳斯吉拉斯州贝洛奥里藏特市的足球俱乐部。在距这次争夺战较近的 1991 年和 1992 年中，他们两夺南美超级俱乐部杯冠军；在 1993 年和 1996 年中，他们两夺巴西杯冠军；并且，在上一年中，他们夺得了为世人瞩目的南美解放者杯冠军。他们的实力，无不令对手胆寒。在首回合比赛中，他们做客帕尔梅拉斯，便给主队来了个下马威，以 1 ：0 的比分全取 3 分而去。一时间，所有的难题都摆在了斯科拉里面前。不过，越是困难时刻，越显英雄本色。斯科拉里率队进入克鲁塞罗球场真正的决赛战中，也许是对手过于自负而产生轻敌的思想，客队反客为主，竟以 2 ：0 的比分给了主队以致命一击，成了笑到最后之人，骄傲地捧起了巴西杯。

这是帕尔梅拉斯队历史上第一次捧起巴西杯，也是迄今为止唯一的一次。可以说，这次捧杯，斯科拉里在其中发挥了关键作用，而这也成就了他执教生涯中又一个传奇。

2. 喜欢使用工兵球员的教练

无论在足球界还是在篮球界，都存在着这样一种球员，他们不同于那些通过神奇或超人的技法而进球的前锋，他们所能做的就是在场上不断地奔跑，给对手制造麻烦，化解自身球队的各种险情，并给前锋创造出制胜机会。对于这种人，人们形象地给他们送了一个绰号：工兵型球员。

工兵，本是一种军事兵种，是工程兵的简称。工程兵的主要任务是，实施工程侦察、修筑道路、架设桥梁、开设渡场、排除障碍物、开辟通路等，保障部队顺利开进、快速展开；在敌方进攻的主要方向埋设地雷、设置障碍，阻滞敌方机动，并实施破坏作业，为己方扫清道路。人们将工程兵的这种特点，套用到足球场上那些与工程兵的特点有些类似的球员身上。这些球员往往不参加进攻，只是负责破坏和化解对手的攻势，将球当作地雷一样“排”出自己的防区；他们的位置在中场，但绝大部分的精力都用在防守，特别是为禁区前沿的队员起屏障保护的作用。这样的球员，就是工兵型球员，在国外他们被称为“锚人”（anchorman）。

在世界各大俱乐部中，堪称工兵型球员代表的莫过于前意大利AC米兰俱乐部球队的加图索（Gennaro Ivan Gattuso）。加图索有凶狠的外表，场上进攻的球员看到他都会忌惮三分。但他的脚下非常干净，从来不靠恶意犯规这样恶劣的伎俩来阻止对方进攻。他的优点就是具有使用不完的体能，在场上从来不知疲倦。他作风顽强，会像橡皮糖一样黏着对方进攻的球员，伺机抢断。在AC米兰俱乐部中，球员们大都脚法细腻，唯有他是个另类。但他深得教练信赖，不论在俱乐部中，还是在意大利国家队中，他都始终牢牢占据着主力中场的位置。从加图索身上就可看出，工兵型球员就是那种勤勤恳恳奔跑、不知疲倦地为队友抢球的球员。虽然他们的技术不一定有多好，脚法也显得比较粗糙，但他们那种积极认真、任劳任怨的态度却十分让人钦佩。

在以脚法细腻，特别是讲究个人技术的巴西足球界，工兵型球员一般都入不了教练的法眼。这也就预示着他们的足球生涯必将平淡无奇或是默默无闻。但是，凡事有规则，也就有例外。这个例外就是，斯科拉里特别喜欢工兵型球员，并会放手让他们在场上尽情发挥。

后人在研究斯科拉里的战术时，从中找出这样一种模式：在中场运用工兵型球员进行密集防守，然后伺机为前锋寻找和创造机会，从而给对手有力一击。这就是典型的防守反击打法，也是斯科拉里在球场上屡试不爽的打法和取胜的法宝。在执教帕尔梅拉斯后，缘于这种战术需求，许多工兵型球员就颇受他的青睐。这其中，时年30岁的塞萨尔·桑帕约（Cesar Sampaio）就是明星代表。

大家对桑帕约的认识也许来自于1998年法国世界杯上他出色的发挥。在那届世界杯上，在诸如罗伯特·卡洛斯、里瓦尔多、罗纳尔多和贝贝托等众多大牌球星云集的巴西队，率先为国家队进球的就是桑帕约。在小组赛首场对阵苏格兰的比赛中，巴西一度处于被动的状态。最终是桑帕约的进球为巴西队打破了这种状态。在淘汰赛巴西对智利的战斗中，在接到邓加和贝贝托的助攻后，他梅开二度，最终帮助球队以 4 ： 1 大胜。

桑帕约自 18 岁开始参加足球比赛以来，一直到 1991 年，所效力的都是桑托斯俱乐部球队。1998 年世界杯结束后，他回到帕尔梅拉斯，并参加夺取南美解放者杯的比赛。在比赛中，他成为斯科拉里所喜欢的工兵型球员，在中场的位置上出色地发挥了自己的水平。至今，在帕尔梅拉斯官网上，仍把他和巴西门神马科斯以及其他优秀球员归为那次夺杯的英雄之列，而桑帕约也对自己在帕尔梅拉斯队中能实现自己的价值表示感激之情。在他被邀加入西班牙拉科鲁尼亚俱乐部之时，他说道："在南美挖来新人，等升值后卖掉赚钱才是欧洲俱乐部的常用手段。在我这个年纪还能吸引欧洲俱乐部的兴趣，我感到很开心。我爱帕尔梅拉斯，我在那里得到了许多，但去欧洲踢球一直是我的一个梦想。"

有理由相信，桑帕约的感激之情更多的是冲着主教练斯科拉里对他的信任而产生的。其实，桑帕约只是众多为斯科拉里喜欢的工兵型球员中的一位杰出代表。在斯科拉里的执教生涯中，他的战术特点注定了工兵型球员必须受到重视。早在他从科威特返回，重新执教格雷米奥队时，他的战术思想就已定型，即注重实效，不注重场面观感，一切为了取胜。虽然他改变了巴西赛场上的足球风格，但源于现实中的竞技足球早已同功利绑架在了一起，一切唯最终的战绩说话。所以，他的这种为局外人广为诟病的战术，大受各俱乐部欢迎。

"一招鲜，吃遍天。"斯科拉里的实用价值观成就了他不断取得成功的传奇，而这些传奇反过来则坚定了他坚守这种战术，并将它运用到十分娴熟的境界的决心。在 2002 年的韩日世界杯上，在这种战术的助推下，他将巴西队从举步维艰中拖离出来，打造出"五星巴西”的神话，这也将他本人推上了人生的巅峰。

然而，世上事总是利弊共存的。斯科拉里的这种战术中隐含有一个致命弱点，那就是一旦中场组织不力，不能及时有效地凝聚团队，形成合力，就会形成各自为战、球员疲于奔命的情形。这样一来，就会被对手轻松撕开缺口，找到突破的机会。但斯科拉里没有注意到这一点，这使他在 2014 年世界杯的决赛中，在自家门口亿万父老乡亲的众目睽睽之下，被德国人猛灌进 7 蛋。真可谓“成也萧何，败也萧何”。

尽管斯科拉里高度务实的战术理念存在着一些漏洞，其被人称为过时也罢，单调也罢，但从一种处事风格和态度上来说，他对工兵型球员的偏好，实质上也是在助推一种拼搏精神。

3. 再次回归，再一次率队称霸南美解放者杯

南美解放者杯是由南美足球协会颁发的一种荣誉奖杯。它颁发的对象是通过足球比赛最终获得冠军的球队。这项比赛由南美足球协会举办，每年一次。参赛的球会包括巴西、阿根廷、乌拉圭、巴拉圭、秘鲁、智利、厄瓜多尔、哥伦比亚、委内瑞拉及玻利维亚在内的 10 个南美足协所属国家的球会（近年来，已放宽给墨西哥的球会参加）。参赛队伍的资格为南美各国联赛中获得冠、亚军的球队（此外，还有通过淘汰赛晋级的队伍），每个国家可参赛的名额有 3 个。不过，像巴西和阿根廷这样的足球大国，能多拥有两个名额，即可参赛球队为 5 支。球队赛事等级相当于欧洲冠军杯和亚洲俱乐部冠军杯。从 1960 年举办首届比赛以来，解放者杯就成为南美各球会竞逐的最高目标，他们无不把夺得该奖杯视作球会的最高荣誉。

斯科拉里执教帕尔梅拉斯，其中一个重要使命就是为球会夺得南美解放者杯。1998 年，斯科拉里带领球队取得巴西甲级联赛的亚军。这让他们拥有直接晋级解放者杯分组赛的资格。当时，通过抽签，他们抽到第 3 小组。在这个小组中，有两支来自巴拉圭的球队，分别是波特尼奥山队和奥林匹亚队，其中的奥林匹亚队，曾获得 1979 年和 1990 年解放者杯冠军。还有一支就是来自自己的国家、自己的城市，被称为同城死敌的科林蒂安斯队。在过去的历史中，每当德比战打响时，两队的球迷就如同水火一样势不两立。帕

尔梅拉斯队的吉祥物本是鹦鹉，但自 20 世纪 80 年代以来，他们就改用猪为吉祥物。原因是科林蒂安斯队的球迷常用猪来称呼帕队球迷，后来帕队俱乐部响应本队球迷的要求，干脆用猪作为吉祥物来回应对方。

在小组循环赛中，斯科拉里每场都做到精心部署，丝毫不敢大意。最终，他带领球队取得 3 胜 1 平 2 负积 10 分的成绩，居小组第 2 名，晋级 16 强比赛。取得这个成绩只能用差强人意来形容。因为在这一组中，同城死敌科林蒂安斯队以 4 胜 0 平 2 负积 12 分的成绩排在小组第 1 名。这不仅意味着在接下来的战斗中，他们要与另一小组的第 1 名进行对阵，还表明他们的气焰被压在了同城死敌的身下。

在 16 强赛中，他们的对手是来自自己国家的瓦斯科达伽马队。在 1997 年的巴西联赛中，在最终的决赛阶段，帕尔梅拉斯就是在关键时刻被对方斩下马而屈居亚军的。到 1998 年，瓦斯科达伽马在南美解放者杯中，一路过关斩将，直接杀进决赛，并在决赛中分别以 2 ∶ 0 和 2 ∶ 1 的成绩轻取厄瓜多尔的巴塞罗那队。也就是说，斯科拉里带领球队刚刚摆脱狼群，一不留神又落入了虎口。所以说，在小组赛中，他们并没有取得理想的战绩。面对上届的解放者杯冠军，他所能做的，只能是破釜沉舟，置之死地而后生。缘于对对手的高度重视，加上斯科拉里正确的战术运用，他们最终以 1 ∶ 1 和 4 ∶ 2 的成绩轻取对手，顺利晋级 8 强。

真是祸不单行，在 8 强淘汰赛中，他们的对手竟然就是同城死敌科林蒂安斯队。就如同以往的德比战一样，两队一遇，火药味就格外浓烈。双方你来我往，以眼还眼，以牙还牙，杀得难解难分。本来，在两队相遇的首回合，占尽主场之利的帕尔梅拉斯队以

2 ： 0完胜对手，在接下来的比赛中，他们只要打平——哪怕小比分负于对手就能淘汰对手，顺利晋级4强。然而，冥冥之中似乎有种无形的力量，以一种看热闹的心态刻意要折腾一下这对冤家——在科林蒂安斯队的主场，对方同样还一个2 ： 0。这样一来，双方又处在了同等的地位。根据赛制，不再进行加时赛，直接通过点球决出胜负。如果要再来个加时赛的话，那么对热心的球迷来说，抛去其各为其主的心理，那无疑就是在享用饕餮大餐。那其间所释放出来的激情，必定会成为心头永远美好的回忆。在点球大战中，与其说幸运之神眷顾了斯科拉里和他的球队，不如说是由他所打造出的球队有着更强的必胜信心，这种信心使他们以4 ： 2淘汰死敌，继续新的征途。

在半决赛中，他们的对手是被公认为世界上最伟大俱乐部之一的阿根廷河床俱乐部球队。从1931年到1996年的65年间，河床队在国内共获得甲级联赛冠军22次、亚军18次。不过，他们与科林蒂安斯队同样感到遗憾的是，他们到比赛时还没有一次捧起过解放者杯。所以，他们此次前来，也是抱着夺冠的决心来的。与巴西足球风格稍有不同的是，阿根廷球队格外讲求短传配合，在实战中往往能打出一种行云流水般的节奏感来。然后在不经意间，他们会以优雅的方式攻陷对方的城池，从容品尝胜利的果实。对于这样的对手，斯科拉里显然还缺乏一定的应对之术。因而，首回合中他落得个0 ： 1的成绩。之后，斯科拉里终于找到了对手的弱点，这使他们在接下来的对方对垒中以3 ： 0的大比分慷慨地回报了对手。这样，斯科拉里带领球队继续奋进，历史性地进入决赛。与他们争夺冠军的就只剩下哥伦比亚的卡利体育协会队（Asociación Deportivo Cali）。

卡利体育协会队，人送绰号“红魔”（通常称它为卡利美洲），位于哥伦比亚的卡利，其俱乐部创建于1927年。卡利美洲以高效的进攻和快节奏的攻防著称，他是哥伦比亚足球史上最富有传统技法的球队之一，也是哥伦比亚足球甲级联赛夺冠次数最多的球队之一，是公认的南美足球豪门。面对这样一支同样心怀梦想，又具有自身特色的球队，谁都不敢掉以轻心。

然而，尽管斯科拉里用尽了心思，调动了一切有效的手段包括战术上的应对之策，战事状况还是不尽如人意。在首回合中，他的球队客场作战以0 ∶ 1告负。回到主场，他别无选择，唯有磨刀霍霍，严阵以待。

其实，从事后帕尔梅拉斯队在本国联赛中仅取得第10名的成绩来看（要知道1997年和1998年他们都取得了联赛的亚军），俱乐部高层把全部希望都寄托在了夺取南美解放者杯身上。所以，此刻斯科拉里肩上的担子就更重了。1996年6月16日，决赛打响。然而，人算不如天算。在主场，占尽天时地利人和的情况下，斯科拉里的球队仅以2 ∶ 1的小比分获得胜利。非常幸运的是，当时的赛制还没有引进做客入球优惠制（直到2005年，南美解放者杯赛制中才引进该规则），否则，对方会因在客场进球而笑到最后。另外，赛制中也没有加时赛的规定。最终，两队通过残酷的点球来决定胜负。

在点球大战中，帕尔梅拉斯队队员沉稳发挥，最终以4 ∶ 3胜出，历史性地捧起金灿灿的南美解放者杯。这对俱乐部来说，无疑是开天辟地的大喜事。对斯科拉里来说，这是他继1995年带领格雷米奥队捧起解放者杯后，又一次捧起解放者杯。

对于局外人来说，这一次捧杯，他们在心里总会有些不平的感觉。因为按照现在通行的赛制，高高举起奖杯笑傲江湖的应该是哥伦比亚的红魔。并且，在这次竞赛中，出现的两次点球，幸运之神都站在了斯科拉里这一边。也就是说，这一次捧杯，斯科拉里更多靠的是运气。

其实，人本身就是生活在规则当中的。对于许多规则，比方说自然规则，人往往都是无能为力的，唯有适应。这也就是所谓的适者生存，所谓的大运天定。但是，人如果在规则面前，无动于衷，甘愿坐以待毙，那么永远都不会被幸运之神光顾。也就是说，斯科拉里如果不是靠着卓越的指挥才能战胜一个个对手，不能到达决赛那一步，那么，纵有再多的幸运也不会降到他的头上。

第五章

独树一帜：
善用《孙子兵法》来做战略布局

“兵者，诡道也。故能而示之不能，用而示之不用，近而示之远，远而示之近……攻其无备，出其不意。”这是出自 2600 多年前《孙子兵法·始计篇》中的话。如今，在大多数国人的心目中，《孙子兵法》已成一种模糊的印记，基本上将它视作了历史的化石。但是，在远隔大洋之外的斯科拉里的认知中，它却成为用来克敌制胜的秘籍。

斯科拉里的用兵处处显示着“诡道”。每次站在指挥比赛的场地边，他都会有夸张性的摆动身体的动作。在旁人看来这多少显得有些滑稽可笑，但在他的球员们看来，这是一种战术意图的传递。这种只可意会、不可言传的肢体语言，所要实现的就是《孙子兵法》上所说的“上下同欲”。

一位熟悉斯科拉里的朋友透露：“斯科拉里每天晚上都会读《孙子兵法》，这是他每次大赛前的必修功课。”斯科拉里之所以喜爱《孙子兵法》，是因为他相信军事策略能体现在足球比赛中，并且能让每一个球员提高战斗力。他不但自己喜爱《孙子兵法》，将它运用到具体的比赛中，还要求球员都能像自己一样，熟练掌握《孙子兵法》的要领，学以致用。

1. 带领葡萄牙队制胜的法宝：《孙子兵法》

在2004年欧洲杯比赛中，斯科拉里带领葡萄牙队历史性地闯进决赛，并获得亚军。葡萄牙队在欧洲连强队也排不上，在各项大赛中鲜有优秀的表现。那么，斯科拉里靠什么让他们坐上了直升机呢？据葡萄牙的《纪录报》事后透露，斯科拉里制胜的法宝就是中国古代的《孙子兵法》。

在2002年的韩日世界杯出征前，斯科拉里将《孙子兵法》分发给每位球员。当时巴西队的场上队长卡福公开表示了对孙子的敬仰，并把《孙子兵法》归为巴西队在韩日世界杯上夺冠的法宝："这本书改变了我们对足球的思维方式、对比赛和对手的看法。"在葡萄牙队，他同样如此，还是将《孙子兵法》的内容复制下来，贴在球员的房间里，以让他们随时掌握其中的精髓，领会取胜之道。

《孙子兵法》又名《孙武兵法》和《孙武兵书》，由我国春秋时期吴国的将军孙武创作。它既是中国现存最早，也是世界上存在最早的军事著作，被誉为"兵学圣典"。它的内容博大精深，思想精微深邃，逻辑缜密严谨，自问世以来，就被历朝的军事指挥者运用于具体的战事指导中。

《孙子兵法》最早传播到了朝鲜和日本这两个与中国文化交流十分频繁的国家，距今至少有1200多年了。18世纪，《孙子兵法》由来华的耶稣会士法国人约瑟夫·J. 阿米欧（中文名钱德明）翻译成法文并传播到欧洲。1772 年，法国巴黎的迪多出版社出版了名为《中国军事艺术》的兵学丛书，其中第二部就是《孙子兵法》。这部法译本问世后，引起了法国公众的重视，一些文学刊物纷纷发表评论，而有的评论者甚至建议将《孙子兵法》作为“那些有志于统领我国军队的人和普通军官的教材”。据说，当年叱咤欧洲的法国名将拿破仑就拜读过它。《孙子兵法》传播到美国后，成为美国西点军校和哈佛商学院高级管理人才培训的必读教材。

在欧洲，人们将《孙子兵法》誉为《战争艺术》；在巴西，《孙子兵法》的译名就是《战争的艺术》，在一些足球教练眼中，它成了“足球战争艺术”。一名巴西记者这样说 ：“孙子，这位中国古代军事思想家的幽灵似乎徘徊在球场上，每名大师级国脚的身边都能感觉到他的影子。”这种说法，让人一下子就感受到了刀光剑影，但这也充分凸显出了《孙子兵法》的魅力和影响力。近年来，巴西已出版各种版本的《孙子兵法》，并在军事以及实业界广受欢迎。在足球界，备受巴西球星和球迷的热捧。不知这种现象的出现是受到斯科拉里的影响，还是这种现象影响了斯科拉里，抑或是各方面共同促进的结果。

“它强调纪律、团结以及作战谋略和勇气的观点，在体育比赛中同样值得借鉴。”这是斯科拉里对《孙子兵法》最真切的感悟。他认为，《孙子兵法》不仅是单纯的军事方面的指导书，而且在政治和体育赛事中同样具有指导作用。

《孙子兵法》中有言 ：“视卒如婴儿，故可与之赴深溪 ；视卒如爱子，故可与之俱死。厚而不能使，爱而不能令，乱而不能治，譬若骄子，不可用也。”意思是 ：将帅对待士兵如同对待婴儿那样百般呵护，士兵就愿意与他共患难 ；对待士兵如同对待自己的儿子那样关怀疼爱，士兵就愿意同他共生死。如果厚待士兵而不使用他们，爱护士兵而不用法令约束他们，士兵违法乱纪而不去惩治他们，那么，士兵就会如同骄纵惯了的孩子一样，是不能与敌作战的。这番话所讲的是将帅如何带兵，如何处理与士兵间的关系。从一定意义上来讲，它是针对将帅的规诫语。对斯科拉里来说，这样的规诫语他应是早就了然于胸了。不妨以事实来说明。

2004 年斯科拉里带领葡萄牙队争夺欧洲杯时，当时葡萄牙队中有一位重量级的球员——路易斯·菲戈。开始时，他和斯科拉里之间可谓势同水火。在与英格兰的那场比赛中，斯科拉里将他替换下场。谁知他下场后直接从球门后走进更衣室，死活不再出来。他这是以无声的行动对抗斯科拉里，表达对斯科拉里的不满。足球比赛讲究的就是团结、纪律与服从统一指挥。菲戈的这种行为无疑会起到扰乱军心的坏影响。“乱而不能治，譬若骄子，不可用也”。但当时，菲戈的身份地位致使斯科拉里不能不用他。

因为菲戈在葡萄牙人的心目中，被视作国家足球的代表人物和领军人物。他自 17 岁时起就出现在联赛中。1991 年世青赛中，他和鲁伊科斯塔、库托等人领军的葡萄牙队夺取了世青赛冠军，为球队赢得“黄金一代”的美誉。在国家队中，他参加了 1996 年、2000 年、2004 年三届欧洲杯和 2002 年、2006 年两届世界杯的比赛。在 1996 年欧洲足球锦标赛中，菲戈和还不够成熟的葡萄牙队闯进 1/4 决赛。在 2000 年欧洲杯中，葡萄牙队闯入 4 强，当时菲戈在比赛中的表现非常抢眼，在小组赛大逆转战胜英格兰一战中，他那一记远射，至今仍被奉为经典的进球。2000 年，他的转会费为 5610 万美元。2001 年，他击败当时英格兰的头号球星贝克汉姆和西班牙的劳尔等大牌球星，当选为世界足球先生。

对于菲戈这样的足坛大腕，斯科拉里必须从大局着眼，不能掉以轻心。斯科拉里有性情中人最明显的特点，遇到自己看不惯的事物，他敢怒、敢骂、敢咆哮。至于他和菲戈之间进行了怎样的交流，促膝谈心也好，晓以利害也好，外人无从得知。反正外人看到的是，两年后的2006年，当斯科拉里中途替换下菲戈时，菲戈非常乖顺地听从调遣，下场后没有任何怨言，坐在替补席上为场上的队友加油。可以想象的是，斯科拉里一定用到了许多《孙子兵法》上的管理精髓，从而做到“不战而屈人之兵”的。

《孙子兵法》对斯科拉里的影响可谓深远，让他时刻引为锦囊妙计，即使是来到孙子的故乡，他还是如此。2015年6月，他加盟恒大俱乐部时就谈到，自己从《孙子兵法》中了解到不少中国人做事的方法：“这本书有很多经验性的总结，恰好我现在又接受了来自中国的这份工作。这本书里的东西我想应该会有很多可以运用到工作和生活中，我也会根据不同的情况来选择其中的经验进行应对。”

“知己知彼，百战不殆。”斯科拉里来到广州不到一天，就能够叫出多达10名恒大球员的名字：“我认识埃尔克森、高拉特、阿兰、雷内、张琳芃、龙龙（郑龙）、郜林、Captain（郑智）、博文（黄博文）、潇霆（冯潇霆），希望能对大家有更深的认识。”首先“知己”，然后“知彼”，熟悉自己，了解对手，才能不败。这是斯科拉里将《孙子兵法》在现实中的具体运用。说不定哪一天，恒大队遇上了大赛，他也会给球员们人手一本《孙子兵法》。

2. 利用《孙子兵法》排兵布阵

善用《孙子兵法》来研究足球战略，并将其用到具体实战的排兵布阵当中，是斯科拉里在教练界独树一帜的地方。

斯科拉里以治军严明著称于教练界，绝对不会容忍球员的散漫作风，哪怕这个球员再大牌再有名气。这样，就保证了他的执教权威性，让整支球队能够被统一指挥，从而贯彻他的战术意图。在参战前，他会娴熟地将《孙子兵法》中的某些精神加以利用。首先就是用对人。

《孙子兵法》中说："将听吾计，用之必胜，留之；将不听吾计，用之必败，去之。"将之用到具体球赛上来说就是：球员能接受我的战术意图，拿来使用一定会取得胜利，这样的球员就留下来使用；相反，如果球员不接受我的战术意图，拿来使用会招致失败，这样的球员就不能用，应放弃他。

在巴西，多的是天才式的巨星，比方说有"独狼"之称的足坛大腕索乌萨·罗马里奥（Romario de Souza Faria）。罗马里奥于1994年获得世界足球先生的称号，后来被评为世界足球史上125位最优秀的球员之一。在球场上，他以速度快和技术娴熟著称。鉴于他在国际性大赛中的优异表现，在巴西人的心目中，他无异于国家英雄。但是，罗马里奥性情孤傲，恃才傲物，经常不留情面地对教练和队友指手画脚。尽管在赛场上他有精灵怪巧的抢点、弹无虚发的射门和声东击西的助攻等使对手防不胜防的表现，但他在赛场上很少跑动，很少参与防守。这与斯科拉里所要求的必须成为跑不死的工兵型球员的标准相去甚远。因而，在 2002 年接过国家队帅印的首场比赛过后，他便彻底抛弃了罗马里奥。即使在随后巴西队出现射手荒，罗马里奥也想方设法争取进入国家队时，他也不改变决定。

在树立权威、选对人后，斯科拉里便将《孙子兵法》的理念运用于排兵布阵当中。不妨以 2006 年德国世界杯期间 8 强赛上葡萄牙与英格兰之间那场战斗来做说明。

《孙子兵法》中说：“不可胜者，守也；可胜者，攻也。守则不足，攻则有余。善守者，藏于九地之下；善攻者，动于九天之上；故能自保而全胜也。”意思是：如果处于不利情形不能战胜对手，就选择防守；如果处于有利条件下，能够战胜对手，就选择进攻。选择防守是缘于自身存在不足，选择进攻是因为自身处于有利局面。善于防守的，就好比深藏于地底之下，让对手发现不了行迹；善于进攻的，就好比神兵自天而降，使对手措手不及。所以既能保全自己，又能全面战胜对手。在对阵英格兰的比赛中，斯科拉里在排兵布阵时，明显把《孙子兵法》中的“守”放到了第一位。

之所以做出这样的安排，是经过“知己知彼”的权衡之后的必然结果。在上一场对阵荷兰队的比赛中，尽管葡萄牙队最终以 1 ∶ 0 淘汰了对手，但付出了沉重的代价。这场比赛以惨烈著称。执法裁判在全场一共出示了 16 张黄牌、4 张红牌。其中，葡萄牙队收获 7 张黄牌、2 张红牌，连守门员圣里卡多也在劫难逃被判黄牌，两张红牌的“得主”分别是后腰位置上的科斯蒂尼亚和斯科拉里的爱将德科。

失去中场“发动机”德科，对葡萄牙队来说是致命的。在接下来对阵英格兰队的比赛中，斯科拉里安排佩蒂特来顶替德科，并改变上轮对阵荷兰的 4-2-3-1 型布阵为 4-3-3 型布阵。从比赛的过程来看，英格兰球员的脚下功夫整体上要略逊一筹，但斯科拉里还是要求队员以严防死守为主。即使在第 62 分钟时英格兰队的前锋鲁尼被红牌罚下、场上少一人的情况下，斯科拉里也没有要求球员完全做到放开手脚，大打进攻战。像英格兰这样的传统强队，虽然整体上球员脚下功夫显得粗糙一些，但他们具有极强的爆发力，尤其是那些球星们，有时只要抓住一次机会，就能置对手于死地。这也是斯科拉里从现实的角度所能考虑到的。在整场比赛中，葡萄牙队控球率达 56.8%，高于英格兰队的 43.2%。这种控球率，充分反映出斯科拉里“不可胜者，守也”的战术意图。

《孙子兵法》中说：“凡军之所欲击，城之所欲攻，人之所欲杀，必先知其守将、左右、谒者、门者、舍人之姓名，令吾间必索知之。”这段话的意思很浅显，就是指要了解对手的详细情况。在英格兰队，聚集了众多球坛大腕，有效力于曼联，球风强悍、头球功夫过人的后卫费迪南多；有效力于当时“银河战舰”皇家马德里，在国际上享有盛誉的球星贝克汉姆；有切尔西队的主要得分手兰帕德；还有被誉为英格兰“天才少年”的坏小子鲁尼；其他如乔·科尔、杰拉德等都是足球场上大名鼎鼎的人物。然而，他们最终都被斯科拉里的《孙子兵法》所“镇住”，不能发挥出自己的专长，在场上劳而无功。贝克汉姆在第 52 分钟时就带着痛苦被替换下场，鲁尼在第 62 分钟时更是被红牌直接罚下。

《孙子兵法》中说：“攻而必胜者，攻其所不守也；守而必固者，守其所不攻也。故善攻者，敌不知其所守；善守者，敌不知其所攻。”意思是：进攻要取得胜利，就要进攻对手防守薄弱的地方；

防守必定稳固的地方，就是对手不会进攻的地方。所以，善于进攻的人，对手不知该怎样防守；善于防守的人，对手不知该如何进攻。由于在对阵英格兰队的战斗中，斯科拉里的战术核心在防守，所以相对《孙子兵法》来说，他的球员的确做到了“善守者，敌不知其所攻”的作战意图。在这场比赛中，葡萄牙队犯规 10 次，英格兰队犯规高达 21 次。贯穿严防死守打法，葡萄牙队就处在了以静制动、以逸待劳的位置。英格兰队急于取胜，面对防守进攻乏术，只能增加对防守队员的犯规次数。从鲁尼因犯规被红牌罚下场，给葡萄牙队带来以多打少的有利局面的事例中，就能看出葡萄牙队因“善守”而给自己带来的积极变化。如果英格兰队不是因鲁尼被罚下，两队争斗的胜负还真难预料。另外，在最后的点球大战中，葡萄牙队的圣里卡多扑出兰帕德、杰拉德等点球的表现，实际上就是对《孙子兵法》上“善攻”和“善守”的最好诠释。

《孙子兵法》中说：“……善用兵者，能使敌人前后不相及，众寡不相恃，贵贱不相救，上下不相收，卒离而不集，兵合而不齐。合于利而动，不合于利而止。”意思是：善于用兵的人，能让对手前后不相策应，大部队与小部队不能相互依靠，将与卒不能彼此救助，上级与下级不能协调，兵卒离散不能聚合，集合后阵形不能整齐。符合自己的利益就行动，不符合自己的利益就停止。在对阵英格兰队的战斗中，斯科拉里的战术核心是防守，但并不放弃取胜。那靠什么来取胜呢？就靠中前场的球星们的灵光一闪。这种思路也就决定了他们的作战技法：以长传冲吊为主。不讲求渗透配合，不讲求个人的盘带功夫。防守队员得球后，通常都是果断起脚传给前面的队友，要么就是大脚转移；进攻队员接球后，只要有时机，就照着球门起脚。从全场比赛来看，葡萄牙队一共射门 28 次，而英格兰队只射门 13 次。不过，葡萄牙队却有 15 次射偏。这种进攻套路，是典型的打蛇打七寸的“斩首”行动，减少了双方大规模的对抗，且能起到“出其不意，攻其不备”，以少胜多的效果。

在对阵英格兰的战斗中，斯科拉里按照《孙子兵法》来排兵布阵，有效地化解了对手的进攻，虽然一时不能克敌制胜，但却让自己成为了笑到最后的人（在最后的点球大战中，葡萄牙队以 3 ∶ 1 淘汰了英格兰队）。

3. 巧用《孙子兵法》里的计谋

除了利用《孙子兵法》排兵布阵外，在具体的技战法指导中，斯科拉里也要求球员活学活用《孙子兵法》中的计谋。他常用“守必固，攻必坚”“以逸待劳”“队有序弱变强，队无序强变弱”之类的作战思想来启发球员，希望球员在赛场上审时度势，冷静处理问题，灵活把握形势，从而克敌制胜。

斯科拉里首先把《孙子兵法》中的计谋用到管理球队上。他善于把握队员的思想，并且做到对症下药。他从不无故占用或打搅球员们的时间。通常是，当队员们进入梦乡后，他把琢磨出的有针对性的解决问题的办法写在纸条上，塞进球员的门缝里，让球员们自己去理解。这种做法往往事半功倍，让球员心服口服。这样一来，球员们就都自觉自愿地听从他的指挥，按他的指导行事。在这方面，最具代表性的一件事是斯科拉里在2006年执教葡萄牙队期间，球员对他率先做出了挽留。本来，葡萄牙足协准备于2006年世界杯结束之后考虑再与斯科拉里续签合同一事，但在世界杯比赛只进行了三场的时候，葡萄牙队的球员就纷纷表示要求足协提前与斯科拉里续签合同。后腰科斯蒂尼亚说：“如果斯科拉里不能继续留在这里，葡萄牙足球会一下子倒退十步。”此前曾与斯科拉里之间一度龃龉的菲戈认为科斯蒂尼亚的表述还不够彻底，他说：“在我看来，要是斯科拉里真的走人，葡萄牙足球不止倒退十步，而是二十步。

我希望足协官员能尽早解决这一问题，最合适的人员就在位子上坐着，还在犹豫什么？”

“上下同欲者，胜。”斯科拉里“治军有方”，能够得到球员的拥护，这为他带队取胜打下了坚实的“人和”基础。

“兵者，诡道也。”“上兵伐谋”，自古兵不厌诈。在足球场上同样如此。在足球“诡道”之中，在球场上的假摔成为一个抹不去的话题。在足球竞技场上，斯科拉里所信奉的是实用主义原则，一切只为结果——取得比赛胜利。为了赢得比赛，他甚至鼓动球员在赛场上多做些犯规性动作，以期能骗取裁判的同情而惩罚对手，他还要球员做假摔动作。在斯科拉里的执教生涯中，出现的最著名的“假摔事件”中，有两件事让世人一直难以忘怀，让他们的对手一直耿耿于怀。

一件出现在2002年韩日世界杯上。当时在小组赛上，巴西队对阵土耳其队。里瓦尔多在罚一个角球时，表现得慢吞吞的。土耳其队的哈坎尔就把球踢给里瓦尔多，而球碰到了里瓦尔多的膝盖上。谁知里瓦尔多突然倒地，捂着脸，呈现出疼痛难忍的样子在地上乱滚，而裁判不明就里，就用红牌直接将哈坎尔罚下。

另一件出现在2006年德国世界杯上。在葡萄牙队对阵英格兰队的8强赛中，鲁尼在中场与佩蒂特和卡瓦略同时拼抢，卡瓦略倒地后被鲁尼无意中以左脚踩到腹股沟上。卡瓦略随即用手掩着自己的裆部显得非常痛苦，以致主裁判掏出红牌，直接将鲁尼罚下。当时，电视画面显示，在鲁尼被罚下场时，C罗冲着葡萄牙的替补席挤了一下右眼，看上去显得很得意。事后，英格兰队的杰拉德的话很能说明问题：“葡萄牙队的队员，是有一些迷惑裁判的行为的。比如，他们一直在试图摔倒，骗取裁判的同情，希望以此获得机会。”

需要指出的是，球场上的假摔，哪怕当时摔得动作优美、扑朔迷离，甚至能引起现场观众的同情心，但假的终归是假的，它与足球运动的本义永远是背道而驰的。所以，这种“诡道”，还是为社会正直人士所唾弃的。最终，它也就与那些见不得人的勾当一样，始终只能被遏制在很小的范围内。

“凡战者，以正合，以奇胜。”两军正面相遇作战，取胜的都是那些用奇谋、奇计、奇招的队伍。在足球场上同样如此。足球场上的争斗是以进球来决定胜负的。只要规则允许，凡是对手想不到或防不胜防的招数、技法都可使用。在这方面，好的定位球就能起到一箭穿心、出奇制胜的作用。在 2002 年韩日世界杯巴西对阵英格兰的比赛中，充分体现了“以奇胜”的计谋。在第 23 分钟时，欧文帮助英格兰攻入一球抢得先机。在随后的比赛中，小罗两次都暗合了出奇制胜的招数。上半场实时阶段，他利用英格兰球员明显懈怠，等待下场休息的时机，突然爆发，以出神入化的盘带直冲禁区，最终助攻里瓦尔多打进扳平比分的一球。小罗这一招，是活用了《孙子兵法》中的“避其锐气，击其惰归”之招。在第 50 分钟时，巴西队获得一个远距离任意球。从哪个角度来看，这个距离都不足以踢出有威胁的任意球。但那要看球在谁的脚下。在小罗的脚下，球就像长了眼睛的追魂弹一样，在空中划出美妙的弧线，直挂球门死角。最终，凭借小罗的神奇，巴西队淘汰了英格兰队。

“故兵无常势，水无常形，能因敌变化而取胜者，谓之神。”俗话说，将在外，君命有所不受。这其中的道理很明显：战争的形势时刻在变化，身处前线的将领就不能犯教条主义错误，而要学会因时而变，因地制宜。足球场上，这一点同样适用。谁都知道，斯科拉里的战术核心就是讲求整体配合，打防守反击。但是，在 2006 年世界杯葡萄牙队对阵墨西哥队的比赛中，斯科拉里将这一点完全弃之不用。在雪藏了德科、小小罗、科斯蒂尼亚、瓦伦特和保莱塔这 5 名核心主力的情况下，他放弃了防守反击的一贯打法，改为与对手大打对攻战。结果打得对手措手不及，还没缓过神来就以 1 ： 3 缴械投降。

“三军可夺气，将军可夺心。”在 2006 年世界杯法国对阵意大利的决赛中，在加时赛下半场，齐达内被意大利后卫马特拉齐激怒而做出不冷静的头击对方的动作，结果被红牌罚下场，最终导致法国队与那届冠军失之交臂。这就是活生生的“将军夺心”的事例。在斯科拉里的执教过程中，他的球员没少用这一招。

有一句话叫“大错不犯，小错不断”。把这句话用在 2014 年世界杯比赛中的巴西球员身上是再合适不过了。斯科拉里的战术中就包括鼓动球员对抗拼抢，哪怕犯规也在所不惜。以 8 强赛对阵哥伦比亚的战斗为例。整场比赛下来，巴西球员犯规高达 31 次，不仅创下本届世界杯单场单队犯规的最高纪录，还是 48 年来巴西单场犯规次数的最高纪录。为了“夺心”，巴西球员对哥伦比亚的大将罗德里格斯肆无忌惮的犯规高达 6 次。可以说，这是严重偏离足球比赛的本来意义的。为此也招致对手的“夺心”报复——巴西队的进攻核心内马尔被对手用膝盖撞出了赛场。这在一定程度上为下一场巴西队 1 ： 7 耻败于德国队埋下了伏笔。

在一定程度上，斯科拉里的言行也深受《孙子兵法》的影响。“主不可以怒而兴师，将不可以愠而致战；合于利而动，不合于利而止。怒可以复喜，愠可以复悦……”这些，都在斯科拉里身上得到了最明显的体现。

鉴于《孙子兵法》的博大精深，奥妙无穷，在具体实践中千变万化，所以，一时也就不能详尽斯科拉里的具体运用和发挥。古人云："强中更有强中手。"所以，要想立于不败之地，成为常胜将军，非得将《孙子兵法》的精髓领会到出神入化的境地不可。

第六章

力排众议：3R组合威名扬天下

世有伯乐，然后才有千里马。历史以无数的事实印证了这句话：姜子牙如果不是遇上周文王，也就是乡下的一钓叟；诸葛亮如果没有刘备的三顾茅庐，纵有再多的才华，最终也会沦为老死乡野的一介书生。虽说人定胜天，但如果缺乏必要的撮合手段，仅靠单打独斗，最终只能被“天”打趴在地上。

同理，在被誉为足球王国的巴西，尽管足球场上将星济济，大腕云集，但如果没有有效的手段来将他们凝聚在一起的话，他们只会成为一盘散沙，毫无战斗力。在争夺2002年韩日世界杯入场券的过程中，他们的表现就充分说明了这一点。所幸的是，在关键时刻，伯乐及时出现了，而这里所说的伯乐就是临危受命的斯科拉里。

斯科拉里力排众议，大胆起用一度表现不佳的里瓦尔多，同时重用罗纳尔多和培养使用罗纳尔迪尼奥，组成了被人称为“3R”的锋利组合。最终，他们笑傲江湖，无敌天下，成就了巴西霸主的地位。

1. 韩日世界杯预选赛，巴西举步维艰

1998 年 7 月 12 日，在法国世界杯决赛中，随着法国人锁定 3 ：0 的胜绩，巴西队也就从夺冠的大热门中失意而归。这一失意，随即继续追加到主教练马里奥·扎加洛身上，让他不得不把国家队的教鞭交到一位至今仍穿梭活跃在世界各大俱乐部之间的万德雷·卢森博格手中。

对卢森博格，巴西人对他是再熟悉不过了。他曾执教帕尔梅拉斯队夺得 1993、1994 年度巴西甲级联赛冠军，执教科林蒂安斯队夺得 1998 年度甲级联赛冠军。因而，巴西人对于让他来执教国家队，表示一致欢迎。

上任伊始，卢森博格当即宣扬和贯彻自己的执教理念，换掉了整个教练组，首次将一位名叫苏兹·弗鲁里的心理学家带进巴西队。随即，他开始了自己在国家队执教的处子秀。当时的对手是远道而来的南斯拉夫队，结果双方以 1 ：1 握手言和。次年，他便迎来执教生涯中最大的胜利，率领巴西队夺得美洲杯（又叫南美足球锦标赛）冠军。然后，他就把主要精力放在夺取 2002 年韩日世界杯的入场券——世界杯南美区预选赛上。

预选赛首战于 2000 年 3 月 28 日打响。当时，巴西队做客哥伦比亚。按以往两队战绩来看，哥伦比亚的实力与巴西并不在一个等级上。但比赛下来，巴西队不仅没能取胜，且没有进球，以 0 ：0 的比分互交白卷。到 4 月 26 日，巴西队主场对阵厄瓜多尔队。没

想到，在国际大赛中一向毫无作为的弱旅厄瓜多尔队，居然能两次攻破巴西队的城门，虽说以 3 ： 2 的胜绩收场，但巴西队在场上绝无一丝王者的霸气。6 月 4 日，他们做客秘鲁，仅以 1 ： 0 的小比分取胜。6 月 28 日，对巴西人来说，是对主教练卢森博格由欢迎转为厌恶的开始。这天，巴西队主场对阵被巴西人视为死敌的乌拉圭队。谁知他们在场上打得毫无头绪，对乌拉圭队显得束手无策。可以说，他们在赛场上十分被动，让人丝毫看不出一丝强者的风范。直到比赛还剩下 5 分钟时，缘于乌拉圭后卫巴布罗·科埃略在禁区内放倒了吉列尔梅，使巴西队获得了一个点球，由里瓦尔多主罚成功，这才艰难逼平对手，挽救了巴西队。7 月 18 日，巴西队客场对阵巴拉圭队，竟然以 1 ： 2 负于对手。7 月 26 日，他们主场以 3 ： 1 痛击了老冤家阿根廷队。可是还没容人有过多庆幸，在 8 月 15 日，他们竟然在客场被智利队以 3 ： 0 的大比分实实在在地羞辱了一回。在前 7 场比赛中，巴西队只获得 11 分。在巴西这个为足球而疯狂的国度里，任何有关国家队胜负的事都不是小事。对于巴西队这样的战绩，一些不满的球迷开始用“驴子”来称呼主教练卢森博格，球迷和他的关系急转直下，而他的声望也受到重击。

当年，恰逢悉尼奥运会召开，而同时身为国奥队主教练的卢森博格本来还可通过国奥队获胜来消弭他带给国人的负面印象。然而，国奥队的表现实在不尽如人意。在小组赛中，连战胜日本队都显得十分勉强。这时，国内呼吁卢森博格“下课”的喊声是越来越响。取得 2 胜 1 负的成绩勉强出线后，在 9 月 26 日举行的 1/4 决赛中，巴西队竟然败给 9 人应战的喀麦隆国奥队。为此，巴西足协最终顺应民意，当卢森博格从澳大利亚一回国，即解除其国家队主教练一职。

2000年10月，经巴西足协任命，新的国家队主教练埃默松·莱昂走马上任。莱昂曾经是巴西队的著名国脚，退役后在国内多家俱乐部执教过。莱昂上任后，他在世界杯预选赛上，于11月14日主场排兵对阵哥伦比亚队，结果以1∶0小胜。首战胜利，这似乎让人看到了巴西队的希望。然而，在接下来的一战中，也就是2001年3月27日做客厄瓜多尔时，竟然以0∶1负于弱旅。在这年4月25日，巴西队主场对阵秘鲁队，以1∶1的比分与对方言和，这也让他一时裹在了球迷的痛骂声中。随后，在6月3日做客巴西死敌乌拉圭队时，一下子戳疼了巴西人的伤疤，被对方以1∶0羞辱而回。当年在日本举行的联合会杯争夺战中，巴西队在五场比赛中仅取得了一场胜利，一共才3次洞穿对手球门。对于这样的巴西队，巴西国人普遍表示愤怒和失望。当时《圣保罗报》举行了一项民意调查，结果竟然没有一个人敢断言巴西队一定能出线参加2002年世界杯。莱昂执教10场比赛，仅仅3场取胜，球队的表现着实不佳，而他自然就成为被声讨的众矢之的。最终，巴西足协再次顺应民意，于6月11日，莱昂还在日本东京时，就宣布他“下课”。此时，距他上任才8个月时间。但对外声称是莱昂主动辞去主教练一职的。

在巴西国家队危机四伏的时候，一些评论家认为，巴西队已不可救药，这个时候，谁接过教鞭，谁就会成为替罪羊。这时民众最关切的就是世界杯预选赛出线的问题。当时巴西队只剩下5场比赛，此前战绩为6胜3平4负积21分，在南美赛区中排第4位，居阿根廷、巴拉圭和厄瓜多尔队之后，处在被淘汰的边缘。那么，谁会来，或者干脆说谁敢来接手国家队这个烫手山芋一样的教鞭呢？

当时的一些分析家指出，在巴西队接下来的5场比赛中，除主场对阵智利队和委内瑞拉队尚有获胜的把握之外，另外 3 场比赛分别是主场对阵巴拉圭队，客场挑战死敌阿根廷队和玻利维亚队，这些对巴西队来说都是硬仗，而以巴西队眼前糟糕的表现来说，能打平就算获胜。曾经名扬四海、威震天下的足坛霸主，居然沦落到人见人欺的地步，对此只能感叹世道无常。

“沧海横流，方显出英雄本色。”就在巴西队举步维艰，让人感到出线渺茫的时候，真正的英雄横空出世。随即，他“挽狂澜于既倒，扶大厦之将倾”，不畏艰险，迎难而上，率领巴西将士一路过关斩将，最终化腐朽为神奇，打造出一个金光灿灿的“五星巴西”来。这个英雄就是斯科拉里。

斯科拉里于 2000 年 7 月执起了巴西豪门克鲁塞罗队的教鞭，并于该年带领该队捧起巴西杯。2001 年，他率队捧起南米纳斯杯。到 2001 年 7 月他接过巴西队的帅印为止，一年的时间内，他带领克鲁塞罗队一共征战 57 场比赛，取得 23 胜 16 平 18 负的战绩。除夺得巴西杯、南米纳斯杯外，连州联赛的冠军也没能拿下。应该说，斯科拉里执教克鲁塞罗队所取得的成绩只能用差强人意来表示。这期间也有斯科拉里与俱乐部高层之间存在龃龉的传闻。但不管怎么说，斯科拉里最终选择离开克鲁塞罗而执教国家队，其中除了勇气可嘉外，更多的是缘于他想证明自己能力的那股干劲儿。这股干劲儿里就包含着对自己能力的高度自信，也包含着一种让自己的事业更上一层楼的雄心壮志。但在当时，在巴西国内，都只把他的上任充作巴西足协临时救火行动中的角色，而他也就成了世人眼里的一个临时救火员。但此后的事实表明，人们的眼光过于肤浅了。

2. 顶着压力起用里瓦尔多

斯科拉里执起国家队教鞭后，便开始了他的铁腕治军行动。其中就包括淘汰落后球员，大胆物色和起用有作为的新人。这里所说的新人，不是从球员履历上来说的，而是指本次没能入选国家队的球员。在起用的这些“新人”中，他所遇到压力最大的一位就是里瓦尔多（Rivaldo）。

里瓦尔多，1972 年 4 月出生于巴西东北部港口城市累西腓。他家境很差，是典型的苦孩子出身。16 岁那年，他父亲突遭车祸不幸去世。这给他的心灵带来了很大的伤害，使他养成了内向的性格。

在巴西，球星大多出产于南方。这也就无形中在人们的思维中形成了这样的偏见：对北方的球员不看好。而且，里瓦尔多还不善言辞，不会在媒体面前通过高谈阔论来哗众取宠，也不会做出各种讨好球迷的举动。这些，直接导致他在巴西没什么人缘。当他在场上帮助球队赢球时，没有多少人会感激他；当球队输球时，他就成了想当然的替罪羊。

其实，里瓦尔多很早就已与足球结缘。13 岁那年，他就成为圣克鲁斯少年足球队中的一员。1990 年，他所在的圣克鲁斯队夺得州青年赛冠军。1992 年，也就是他 20 岁时，签约加盟圣保罗州的莫吉米林队，首次以成年人的身份出战。在那里，他的表现十分出色，一年后就被豪门科林蒂安斯队挖走。并且，在这一年，他首次入选国家队，并参加了在德国科隆举行的友谊赛。1994 年他在帕尔梅拉斯队出战，最终该队夺取联赛冠军。1996 年，作为国奥队中的一员，他参加了亚特兰大奥运会足球比赛。遗憾的是，在半决赛中负于尼日利亚队而与冠军无缘。此后，他转会来到西班牙的拉科鲁尼亚队。在那里，他出色地帮助球队打破一项又一项纪录，让球队获得季军。他的才能被财大气粗的巴塞罗那队所青睐，并以高达 2670 万美元的转会费将他招入麾下，一口气签下 6 年合同，违约金高达史无前例的 9200 万美元。在巴塞罗那的第一个赛季，他因出色的表现而获得西班牙联赛最佳外援的称号。1998 年，他加盟后的巴塞罗那队夺得西班牙联赛和西班牙国王杯比赛的双料冠军，他名列射手榜第二。1999 年，巴塞罗那队蝉联西班牙联赛冠军，他以 10 个入球成为 1999—2000 年欧洲冠军联赛最佳射手。2000 年 7 月，巴塞罗那俱乐部将他的年薪提高到税后 600 万美元，成为世界上收入最高的足球运动员。1999 年 12 月 19 日，他获得由《法国足球》杂志评选出的 1999 年欧洲足球先生的称号。1999 年 12 月 22 日，他获得由古巴拉美社评选出的 1999 年拉美十佳运动员称号。在这一年，他还被英国《世界足球》杂志评为 1999 年世界最佳足球运动员。2000 年 1 月 24 日，他被国际足联评选为 1999 年世界足球先生……

至于国家队赛事，1998 年 6 月，里瓦尔多选入巴西国家队参加法国世界杯，司职中场，并在比赛中攻入 3 球，为国家队夺得亚军立下了汗马功劳。

里瓦尔多擅长左脚运球，身体素质出色，而且他的中场组织能力和前场得分能力更为出色。令人们至今难忘的是，2000—2001 年赛季，巴塞罗那主场对阵瓦伦西亚那场关键战。因为巴塞罗那队要想获得冠军杯参赛资格，就必须赢得这场比赛，而当时场上的形势是，巴塞罗那队明显处于下风。这时，里瓦尔多站出来，以 3 个经典的入球实现了主队的大逆转：一次远射，一次任意球，一次让人叹为观止的倒钩球。由此，里瓦尔多赢得球场上 10 万观众发出震耳欲聋的“圣里瓦尔多”的欢呼声。赛后，人们称这场比赛为里瓦尔多单骑救主的比赛。

但是，在国内，由于各种原因，他始终难得人缘，而受到欢呼拥戴更是不可能的事，反而会与此相反。比如说 1996 年奥运会，当巴西队没能夺冠后，人们就把责任推到里瓦尔多头上，让他成为遭受舆论攻击的主要对象。

在 1999 年美洲杯赛上，里瓦尔多攻进两球，助攻一次，他的绝佳表现几乎征服了全世界的球迷。他给外人留下了极佳的印象，也给当时的主教练卢森博格留下了深刻印象。当卢森博格在出征韩日世界杯的预选赛上饱受诟病后，他便把 2000 年悉尼奥运会上的夺冠当作救命草，把一切宝都押在了这上面。于是在决定球队人选时，他就想到了在美洲杯上大放异彩的里瓦尔多，并于 2000 年 8 月 12 日那天他就对外宣布：“里瓦尔多将代表巴西参加下月在悉尼揭幕的奥运会足球比赛。这对于全世界球迷而言不啻为福音，因为大家可以在奥运会上一睹世界足球先生的迷人风采。”然而，让人遗憾的是，事后谁都没在那里目睹到世界足球先生的风采。

卢森博格“下课”后，在接过教鞭的莱昂的印象中，似乎根本就没有里瓦尔多这个人。在 2001 年 3 月 27 日举行的世界杯预选赛中负于厄瓜多尔队后，他就把里瓦尔多清出了国家队。对此，他给出的理由是：“里瓦尔多在代表国家队参赛时付出了最大的努力，需要一段时间恢复到最佳状态。”“当全队的表现不尽如人意时，就要考虑临时或长期更换一些队员。因2002年世界杯赛已经为时不远，应该改变指导思想，采取小举动是不能解决问题的，越早下决心越好。”因而，到4月25日对阵秘鲁的比赛中，除里瓦尔多外，包括曾在巴西国家队中多次上阵的著名球星卡福和罗伯托·卡洛斯等均被排除在上榜名单之外。

当然，里瓦尔多也有他不为人看重的一面，那就是他有时特别“倔”。尽管他有主宰比赛的能力，但在场上往往会表现得我行我素，不能按教练的统一部署行事。其实这也是他受到一些教练抵制的原因所在。不过，“挽弓当挽强，用箭当用长”，就看你持什么态度了。在斯科拉里眼里，他所看到的就是里瓦尔多的长处。他执掌国家队后，完全不从个人的喜好出发，也不为耳边的一些闲言碎语所干扰，而是顶住压力，坚持用人用长的原则。于是，他弃用了在巴西如雷贯耳的罗马里奥，而大胆起用一度在国家队表现平平的里瓦尔多等人。在他的感召下，包括里瓦尔多在内的一些闲言碎语能详的球星们，如罗伯特·卡洛斯、卡福、罗纳尔多等悉数回归。

事后，这些球星们的优异表现让人完全忽略了当初那个慧眼识珠的斯科拉里。对于里瓦尔多，人们不会忘记的就是他在跑动的过程中，可以轻易地让球在两只脚之间来回滚动的技术。还有，就是在2002年世界杯巴西对阵比利时的战斗中，在巴西整体合不上拍的情况下，是他挺身而出，以一记典型的被人们称为“救世主里瓦尔多”式的进球拯救了巴西队——只见他在禁区外背身用胸部停球，用脚尖颠球、控球，然后看也不看地转身凌空抽射便得手。最终，他帮助球队以2 ： 0的成绩淘汰对手。人们还能记起，在决赛前的6场比赛里，除半决赛对阵土耳其那场外，其余场次他都有进球。再就是在决赛中，德国队布下了铁桶阵，正是他下半场时在禁区弧顶处的一记半转身低平球射门，让刚刚评为本届世界杯最佳门将的卡恩扑球脱手，随后让及时赶到的罗纳尔多补射入网，从而开启了巴西队的胜利之门。

出色的表现、有效的配合、不断的进球，这些就是里瓦尔多带给斯科拉里的最好回报。

3. 3R的威力：在决赛圈以势不可当之势取得七战全胜战绩

2002年韩日世界杯首战如期于5月31日在韩国汉城（首尔）举行，由上届世界杯冠军得主法国队对阵新军塞内加尔队。结果爆出一个惊人大冷门：世界冠军不敌新军，法国队0∶1输给塞内加尔。这让这次世界杯首先就因不定数而吊足了人们的胃口。也就是说，不论哪支球队，也不论球队往昔的名声如何，任何情况都有可能会发生。对于巴西队来说，尽管他们名气很大，但缘于在预选赛上艰难的表现，人们有理由相信，他们在比赛中同样会爆出冷门来。

巴西队当时分在第3小组。处在同组的其他三支球队分别是土耳其队、哥斯达黎加队和第一次“挤”身世界杯的中国队。不用多说，稍微了解点足球的人都知道，在这三支球队当中，实力最强的就是土耳其队。土耳其队于1962年起就“脱亚入欧”，这让他们的足球水平有了高起点和不断学习的机会，从而让他们的足球水平不断提高。1996年，他们历史性地打进了欧洲杯的决赛圈；在1998年世界杯预选赛上，他们击败橙衣军团荷兰队；在2000年欧预赛上，他们打败钢铁战车德国队；在2000年的欧洲杯上，他们击败东道主比利时队，闯进欧洲杯8强。

其次就是哥斯达黎加队。1993年，在第17届中美洲和加勒比运动会上，他们击败墨西哥队，获得冠军；1990年，他们在2002

年世界杯上担任中国队主教练米卢蒂诺维奇的带领下，杀入世界杯决赛阶段，力克瑞典，巧胜苏格兰。可以说，他们的实力不容小觑。

至于中国队，尽管当年执教哥斯达黎加的米卢蒂诺维奇来了，但在当时的“列强”的眼里，简直一文不名。一向以乌鸦嘴著称的球王贝利就早早放言道：“中国队是送分童子。”结果，他的乌鸦嘴这次特灵验。尽管国家队定下的目标是“进一球，积一分，胜一场，最低限度也要进个球”，但比赛开始后，谁也没有成全中国队，反而把中国队当作人见人欺的鱼腩。最终，中国队连几近哀求性质的“进个球”的愿望也没兑现，只得拖着被人射穿 9 个窟窿的伤身灰溜溜地躲进家门。

按巴西队的整体实力来讲，这三支球队与巴西队根本不在同一条水平线上，对谁都可以做到不放在眼里。应该说，抽到这个小组，他们算是抽到了一支上上签。

6 月 3 日 17：00，在韩国蔚山体育场，在全球瞩目下，巴西队正式登场亮相对阵土耳其队。让人眼前为之一亮的是，巴西队中，全是耳熟能详的球星。守门员是来自帕尔梅拉斯的、在巴西球迷心目中处于门神地位的马科斯（Marcos）；后卫分别是罗克·儒尼奥尔（Roque Júnior）、卢西奥（Lúcio）、埃德米尔森（Edmílson）；还有队长卡福（Cafu ）、预备队长罗伯特·卡洛斯（Roberto Carlos）以及中卫席尔瓦（Gilberto Silva）、儒尼尼奥（Juninho Paulista）；在前锋线上，站着三位杀气腾腾的大腕：罗纳尔多（Ronaldo）、罗纳尔迪尼奥（Ronaldinho）和里瓦尔多。后来，他们三人构成了为人们津津乐道的“3R”组合。

对于罗纳尔多（以下简称大罗）和罗纳尔迪尼奥（以下简称小罗），国人是再熟悉不过了。大罗于 1989 年，也就是他 13 岁那年就开启了他的足球生涯。从 1993 年 2 月起，到他入选国家队前，大罗在巴西国家青年队（一线队）一共出场 20 次，打进 22 球。1994 年他开始了欧洲之旅，加盟荷兰的埃因霍温队。同年 3 月 4 日，他首次入选巴西国家队，并参加对阵阿根廷的比赛。1996 年和 1997 年，他两度获得世界足球先生称号。1997 年，他还获得欧洲金球奖、金靴奖。至于其他荣誉奖项，如最佳射手、最佳球员和地区性的奖，多达近百项。

小罗在 2002 年世界杯时才 22 岁，是一颗脱颖而出的新星。他同样自小热爱足球，并于 1998 年成功加盟格雷米奥队，迈出了他的职业生涯的第一步。他在球队的良好表现让他很快就成为巴西国家队中的一员。1999 年 6 月 26 日，他出现在迎战立陶宛的赛场上，这是他国家队生涯的处子秀。在接下来对阵巴拉圭的比赛中，他打进在国家队中的第一球。1999 年，他随队夺取了美洲杯，并在国际足联的联合杯中攻入 6 球，成为最佳射手。2001 年 8 月，他转会法甲豪门巴黎圣日耳曼队。因在球队中的出色表现，他深受球迷喜爱，被称为巴黎足球王子。时任巴黎市长的贝特朗 · 德拉诺埃亲自为他颁发城市勋章。他出道以来，于 1997 年随队夺得 U-17 以下世青赛冠军；于 1999 年随队夺得美洲杯冠军，荣获国际足联联合会杯神射手称号，荣获南里奥格兰德州锦标赛神射手称号；于 2001—2002 年随队夺得欧洲足联国际托托杯冠军……

荣誉印证实力，实力鼎新荣誉。斯科拉里打造出大罗、小罗和里瓦尔多这个 3R 组合，最终在本届世界杯上，无坚不摧，所向披靡，创造出奇迹，着实让人赞叹不已。

在 6 月 3 日那场比赛中，巴西队打得非常拘谨。结果在上半场补时到第 2 分钟时，竟然被土耳其队 11 号哈桑凌空抽射率先破门。关键时刻，3R 发威。在第 49 分 31 秒，里瓦尔多左边路高脚传中，大罗飞身一脚垫射，皮球高高弹入球门，从而使巴西队将比分扳平。到比赛快结束时，巴西队赢得点球，里瓦尔多操刀命中。这样，巴西队赢得首场比赛，实现开门红。

7 月 8 日，巴西队迎战中国队。在第 15 分钟时，卡洛斯洞穿中国队大门。随后，3R 均有进账。在第 32 分钟，大罗进球。在第 45 分钟，里瓦尔多进球。在第 55 分钟，大罗进球。从当时比赛的情形来看，巴西队可以说连七成的气力都没使出。

7 月 13 日，巴西对阵小组最后一个对手哥斯达黎加队。在这场比赛中，大罗于第 10 分钟时就洞穿对手球门，而于第 13 分钟时梅开二度。爱德米尔森于第 38 分钟时攻进一球；里瓦尔多于第 62 分钟时攻进一球；儒尼奥尔于第 64 分钟时攻进一球。最终，巴西队以 5 ∶ 2 大胜哥斯达黎加队，以三战全胜的战绩昂首进入 16 强。

16 强淘汰赛中，巴西的对手是来自欧洲的比利时队。7 月 17 日，两队的战火燃起。为在本届世界杯上走得更远，巴西队选择了保存实力的打法，以致场面上并不怎么好看，丝毫看不出他们往昔那种王者的霸气。但竞技比赛重在结果，不在过程。最终，无坚不摧的 3R 组合再次发挥威力——在第 67 分钟，里瓦尔多凭借个人出色的能力，打破僵局，攻破对方城池；在第 87 分钟，大罗进球。最终巴西队以 2 ∶ 0 锁定胜局。

在 8 强赛中，巴西队遇到了最强劲的对手英格兰队。两队相遇，势同水火。第 23 分钟，英格兰队的欧文攻破巴西队城池，帮助自己的球队抢得先机。一时两队杀得难解难分。上半时进入到补时第 2 分钟时，小罗巧妙地传球给里瓦尔多，里瓦尔多一蹴而就，扳平比分。第 50 分钟时，小罗主罚任意球。结果，球画出一道曼妙而又诡异的弧线，在英格兰守门员希曼无助而又失望的眼神注视下，直入球门死角。最终，巴西队以 2 ： 1 的战绩实现赛局逆转，淘汰英格兰队，进入半决赛。

半决赛于 7 月 26 日开战。巴西队的对手竟然是小组赛中的土耳其队。对此，斯科拉里采取了防守反击的打法，并雪藏了小罗。这种安排意图十分明显，就是保存实力，为最终的决战做好准备。最终，凭借大罗第 49 分钟的进球，巴西队如愿进入最后的决战。

决战于 7 月 30 日打响。巴西队的对手就是强悍的德国战车。巴西队除儒尼尼奥被换下外，余者面孔与第一场对阵土耳其队相同，3R 组合亮相前场。德国队的守门员是来自拜仁慕尼黑队的“老将”卡恩。他被当时的足球界公认为是世界上最为出色的守门员之一，个人在联赛中曾创造 803 分钟不失球的纪录。在本场比赛之前的 6 场比赛中，他创造了只丢一球的奇迹。然而，也许是场上的 3R 具有震慑力，第 67 分钟，当里瓦尔多打出一记低平球时，他竟然抱球脱手，结果被大罗及时捡漏打进网窝。当时卡恩那种回不过神的情形，让多少人为之唏嘘同情。第 79 分钟，大罗梅开二度，帮助巴西锁定胜局。最终，巴西队以七战全胜的胜绩，骄傲地捧起大力神杯，打造出“五星巴西”的奇迹。

将 3R 打造成无坚不摧的利器，斯科拉里功不可没。个人的能力再强，失去团队的支撑，终会沦为匹夫之勇。如何将匹夫之勇糅合成整体之勇，这就是领导的艺术。所以，3R 组合在成就桑巴军团的辉煌的同时，也成就了斯科拉里的辉煌，让他一跃而起成为世界足坛教父。

第七章

极致发挥：
带葡萄牙闯入世界杯“四强”

随着时势的发展，足球运动已逐渐远离它本身的意义，成为商业领域里一种变相的金钱博弈，而且它也逐渐为政治势力利用。一场国际性的比赛，直接与国家荣誉、民族荣誉挂钩。

面对这种时势发展，斯科拉里在谙熟中国《孙子兵法》的同时，还谙熟于中国的传统智慧——识时务者为俊杰。因而，在他执教的理念中，一切无不与功利挂钩，可谓是从头至尾地将实用主义贯彻到底。为此，在执教战略上，他主要围绕战胜对手来做文章；在战术上，他则运用有针对性的手段。于是，在一场比赛中，往往就会让人看到一幕幕让人眼花缭乱的打击对手的策略。

从一定意义上来说，实用主义能够让人杜绝盲目性和冲动性，从而让决策者能够把精力和时间用在知己知彼的战术研究上。这期间所用到的科学手段和科学方法，最终能够形成战胜对手的巨大力量。正是契合了这一点，斯科拉里带领着并不怎么占优势的葡萄牙队，一共进行 74 场比赛，取得 42 胜 18 平 14 负的优秀战绩，并且，他还带队历史性地杀进欧洲杯的决赛。在世界杯上，他与自己所带领的球队同样走得很远——杀进 4 强，取得历史性突破。

1. 顶住外力，将硬朗派打法贯彻到底

斯科拉里在韩日世界杯上卓越的执教表现，让他在世界范围内声名鹊起，很快就受到不少知名俱乐部和国家队的青睐，而且有许多俱乐部纷纷向他发出执教邀请。最终，他选择了与自己具有同语种的葡萄牙国家队，并于 2002 年 11 月走马上任。

葡萄牙队是活跃于欧洲乃至世界足坛上的一支劲旅，其中曾涌现出了像菲戈（Luis Figo）、鲁伊·科斯塔（Rui Costa）和 C 罗（Cristiano Ronaldo）这样耀眼的足球巨星。但他们在国际性大赛上的表现，只能用“差强人意”来形容。在斯科拉里到来之前，他们在世界杯比赛中，所取得的最好成绩要上溯到 1966 年。那次，他们夺得季军。除此之外，就是杀进 1986 年英国世界杯和 2002 年韩日世界杯小组赛。在欧洲杯上，他们在 1960 年那次杀进 8 强后，直到 20 年后的 1980 年才历史性地夺得季军。然后，就是 1992 年再度杀入 8 强，1996 年再度夺得季军。可以说，在大多数时间里他们都成为世界杯和欧洲杯上的陪客与过客。为此，他们把斯科拉里招入帐中，显然是为提升自身的足球水平，借助斯科拉里的神奇之术来打开球队长期徘徊不前的局面。

斯科拉里到任后，首先就是整合球队，对球队进行了为期半年的培训，以此贯彻他的战略指导和战术思想。到 2003 年 6 月，球队在他的带领下，开始频繁地展开国际间的热身赛。6 月 10 日，他

们主场迎战远道而来的玻利维亚队，以 4 ： 0 轻取对手。随后，除 9 月 10 日做客挪威（成绩为 1 ： 0，客队胜）外，其余都是主场迎战。先后以 1 ： 0 战胜哈萨克斯坦队、0 ： 3 负于西班牙队、5 ： 3 大胜阿尔巴尼亚队、1 ： 1 平希腊队、8 ： 0 大胜科威特队、1 ： 1 平英格兰队、1 ： 2 负于意大利队、2 ： 2 平瑞典队、3 ： 0 大胜卢森堡队，一直到 2004 年 6 月 5 日主场 4 ： 1 大胜立陶宛队。这些热身赛，全是冲着 2004 年的欧洲杯争夺战而来。不过，从这些热身赛中可以看出，斯科拉里带出来的球队，并不讲究打法华丽流畅，即不讲究现场的观赏性，而更注重实效，讲求力量对抗，突出队员们的拼抢能力，把中前场的队员打造成了工兵型的敢抢、敢拼、敢对抗、敢冲撞的猛士。斯科拉里曾鼓动球员多做一些犯规动作。他这种注重实效的做法，从某种意义上来说，是违背友谊比赛这个宗旨的。因而，他的这类战术思想和做法，饱受业内外有志之士的批评，包括那些从技术层面来理解足球的人士。

但是，足球竞技无不是以结果来说话的。这也就让斯科拉里有了坚持下去的理由。他不为所动，坚持自己的做法，并将它带入到当年的欧洲杯战斗中。6 月 12 日，欧洲杯小组赛中，葡萄牙队主场迎战希腊队。经过比赛，希腊队反客为主，以 2 ： 1 战胜东道主。但从这场比赛中可以看出，葡萄牙队的打法少了过去那种讲求技法的短传配合，格外强调整体的配合推进，所以基本上所使用的都是长传冲吊的方式。这应该是斯科拉里带来的球风变化，也是他硬朗打法的体现。还可看出，希腊队之所以能够胜出，就在于他们所使用的是硬朗的打法。不但球员体格从整体上要比葡萄牙队强壮，而且他们的打法十分凶狠，毫不顾忌犯规，该铲就铲，该撞就撞。从对手的这些表现，斯科拉里明显看出对方的取胜之道，也就更坚定了贯彻使用硬朗打法的决心。

接下来的一仗，是6月16日葡萄牙队做客俄罗斯的那场比赛。相比希腊队来说，俄罗斯队球员给人最明显的印象就是他们过于斯文，在场上没有凶狠的铲断，没有死缠烂打，没有推搡横撞。以这样的“文明”之师，再加上自身脚法相对粗糙，来对抗被武装到牙齿的“虎狼”之师，最终以0 ： 2失利也就是情理之中的事了。

再接下来的一仗，是6月20日葡萄牙队继续做客征战西班牙的那场比赛。西班牙是世界足坛上传统的足球豪门，葡萄牙这样的球队对他们来说一点儿也不会带来什么麻烦。但是，在斯科拉里的调教下，葡萄牙队的表现可用判若两人来形容。因而，观众们看到了一场激烈精彩的比赛：攻防转换极快，球员出球果断，毫无拖沓之处。这样的快节奏，一时起到了牵着对手鼻子走的作用，加上斯科拉里也不时跑到场边临阵指挥，所以，一场以弱胜强的战斗就呈现在人们面前。最终，葡萄牙队以1 ： 0的比分从强手家门口硬是拿下战斗，成功晋级。这场比赛，对于葡萄牙人来说，还具有历史性的意义。因为在此前超过40年的岁月中，在国际性的大赛上，葡萄牙从来没有战胜过西班牙，始终处在西班牙的下风。最惨的一次，曾以0 ： 9的比分遭到羞辱。所以，这可说是一场改写历史、扭转乾坤的胜利。这场比赛，也让那些对斯科拉里颇有微词之人紧紧闭上了嘴巴，从而让斯科拉里将硬朗的打法坚持下去。

6月24日，1/4决赛中，葡萄牙队遇上另一个强劲的对手——英格兰队。在这场对决中，原本与英格兰队不在同一个档次上的葡萄牙队突然“强壮”起来，他们在场上作风顽强，跑动积极，在战术上同样少了讲求技法的短传配合，不讲求球员个人的技能，只求整体配合。所以，人们看到了作风相近的两支球队在场上拼个你死我活，杀得难解难分，进入加时赛也没能改写 2 ： 2 的比分，最终通过残酷的点球大战，葡萄牙队幸运地淘汰英格兰队这个强大的对手。后来，有人把这一战称为十大足球巅峰对决赛之一。

6 月 30 日，斯科拉里率领葡萄牙队挺进半决赛，迎战橙衣军团荷兰队。荷兰队是被公认的欧洲最强队之一。他们以全攻全守的踢法而扬名于世界足坛。这种踢法，需要每一位球员都有优秀的个人技术，而在作战时每一位球员都没有特定位置，谁都可以担当场中任何一个位置，除门将外，每一个球员都可以随时参与进攻或防守。并且，他们的踢法让人看了赏心悦目，是符合大众趣味取向的真正意义上的足球。荷兰队在历史上曾三次杀进世界杯决赛，1988 年夺得欧洲杯冠军。从过往成绩上看，葡萄牙队与荷兰队同样不在一个档次上。然而，比赛的过程和结果远非人们所料。葡萄牙队更多地体现了通过身体对抗来逼抢对手的方法，发扬跑不死的精神，始终不给对手以可乘之机。最终，他们以 2 ： 1 淘汰强大的橙衣军团，历史性地闯进决赛。

7 月 4 日，欧洲杯决赛打响，葡萄牙队主场对阵一路创造冷门神话的希腊队。没想到，希腊人把这个神话一路延续下去，最终以 1 ： 0 战胜东道主，历史性地夺取欧洲杯冠军。其实，事后来看，希腊队赢就赢在他们那种通过力量对抗来战胜对手的打法。这是斯科拉里所要求和坚持的打法，却被对手执行得更彻底。

斯科拉里的硬朗打法可从德科（Anderson Deco）身上体现出来。德科本是巴西球员，斯科拉里执教葡萄牙队后，他顶住各种压力，重用德科，让他带头将硬朗打法贯彻执行到具体的比赛中去。这也就让人们看到了顽强而略带粗野的防守。2004 年，德科加盟巴塞罗那后，打上了后腰位置。整个赛季，他的犯规次数位居西甲第一。但巴塞罗那队正是因为有了德科，才在后防线上筑起了一道可靠的屏障，从而为球队捧回失去 6 年的联赛冠军杯做出了贡献。就这一点上来说，德科可说是功拔头筹。

德科的表现和作为，显然是受斯科拉里那种硬朗打法的影响。从中既可看出斯科拉里坚持这种打法的缘由，也能看出它的成效所在。

2. 斯科拉里的实用主义帮助葡萄牙队更新换代

夺得亚军后，葡萄牙球迷很快就从失去冠军的遗憾中走出来，化悲伤为喜悦，纷纷走上街头，庆祝自己的球队能在强者如云的对手中夺取亚军。2004 年 7 月 5 日晚上，葡萄牙总统桑帕约亲自在府邸贝伦宫设宴招待国家队的全体成员。在共进晚餐之前，桑帕约总统还主持了隆重的授勋仪式，以表彰国家队成员的优秀表现。

虽然在决赛中不敌超级大黑马希腊而痛失桂冠，但是没有人否认斯科拉里创造出的成绩，而且这种成绩征服了葡萄牙球迷。于是，一些人画出让斯科拉里出任葡萄牙总理的宣传画。宣传画以黑、白两色为底色，画中留着胡子的斯科拉里高举着双手，好像在呼喊“斯科拉里——葡萄牙总理”的口号。一时间，这样的画出现在里斯本的大街小巷。可以说，这是葡萄牙民众对斯科拉里的尊崇。

斯科拉里与葡萄牙国家队的合同期本来是到这年 7 月底的，但葡萄牙队在半决赛以 2 ： 1 战胜荷兰队后，合同又延期两年，即到 2006 年德国世界杯后终止。为此，在这次欧洲杯一结束，他就将实用主义贯彻到底，对葡萄牙队来了个更新换代。

葡萄牙队，所使用的球员大多是被人们誉作葡萄牙“黄金一代”的球员。他们之所以被誉为“黄金一代”，是因为他们都参加了 1989 年和 1991 年两届世青赛，并为葡萄牙队夺得两届冠军。这些球员以鲁伊·科斯塔、路易斯·菲戈两人为核心代表人物，还有如费尔南多·库托（Fernando Couto）、维克托·拜亚（Vítor Baía）、若热·科斯塔（Jorge Costa）和曼努埃尔·迪马斯（Manuel Dimas）等10多位球星。他们纵横赛场，成为葡萄牙队一个时代的骄傲。但是，在国家队中，他们没能赢得任何洲际大赛的桂冠。斯科拉里这次带领球队夺得欧洲杯亚军，对他们而言，是在国家队中取得的最好的大赛成绩。这些球员几乎都出生于1969—1974年间，而从生理上来说，他们已经失去足球生涯的最佳时期。但是，出于历史原因，他们在球队中的地位一时间谁也无法撼动。也就是说，如果不让这些老资格腾出位置或退出国家队，葡萄牙队就会因球员老化而无法实现提升和进步。为此，斯科拉里执教葡萄牙队后，面临着如何让球队更新换代的问题。针对这样的问题，斯科拉里采用的并不是那种军事式的不近人情的强制式手段，而是使用优胜劣汰的自然竞争法则。

葡萄牙队的老化，集中体现在中场上。中场好比是球队的发动机，必须时刻处于高效和有活力的状态。当时，球队中场的核心是“黄金一代”中的巨星鲁伊·科斯塔。那如何让失去最佳竞技年龄的鲁伊·科斯塔腾出中场位置呢？对此，斯科拉里所采用的应对策略是引进更具实力、更具中场指挥能力的巴西球员德科（德科于2003年取得葡萄牙国籍）。斯科拉里在引进德科一开始，就遭到葡萄牙国内球迷和葡萄牙国家队老成员的普遍反对——菲戈在欧洲杯开赛前就公开表示不欢迎德科，而鲁伊·科斯塔更是对将要顶替自己位置的德科冷眼相对。这时，斯科拉里要怎么做呢？他先让德科和鲁伊·科斯塔两人同时上场。这时，出现的情形就是，让两人一起上，所取得的效果不如一人在场好。为此，他分别让两人上场。经过比较，谁都能看出，德科在场上的攻防兼备的能力更强大。这样，德科在中场位置上逐渐站稳脚跟，从而将昔日的中场巨星鲁伊·科斯塔挤出葡萄牙国家队主力阵容。于是，在2004年欧洲杯之后，鲁伊·科斯塔主动宣布退出国家队。

具有老资格的鲁伊·科斯塔之所以能够主动宣布退出国家队，实际上也是在斯科拉里实用主义政策下所取得的成效。俗话说，“是骡子是马，拉出来遛遛”，而这一遛，立马就能分出个高低来，从而取得择优的效果。

德科是斯科拉里为葡萄牙队注入的新鲜活力之一。仅从他的身上，就能看出替换老将的必要性。德科被人称作现代足球中场全能型代表人物。他进可攻、退可守，能满足教练布置的一切要求，同时又具备巴西人灵活的技术与欧洲人服从纪律的整体性要求。在2003—2004赛季，在他当时效力的波尔图队，他带领球队夺得联赛冠军和欧洲冠军杯冠军。在冠军杯比赛中，他被主教练穆里尼奥成功打造成攻防核心，帮助球队取得11场不败的辉煌战绩。在决赛3：0击败摩纳哥的战斗中，他攻入取胜的关键一球。如果不采用实用主义思想，那么，那些通过论资排辈，讲求个人技艺和所谓的赏心悦目打法的球员就不可能从球场上及时退下来，葡萄牙队也就不可能取得进步。实用主义虽然因失去人情味有其残酷性的一面，但不经过忍痛割爱，球队怎么会迎来新生力量，怎么会有突破性发展和品质上的提升！德科的加盟及他所取得的成效就是最好的证明。

在随后的执教过程中，斯科拉里运用他的实用主义，根据需要随时更新球队成员。到2006年，葡萄牙队在德国世界杯中比赛结束，随着菲戈、保莱塔这些葡萄牙队中的元老加大佬们宣布退出国家队，葡萄牙队当年的“黄金一代”已经全部正式地退出该国的足球历史舞台。为了葡萄牙足球队的更新换代，为了葡萄牙足球水平的整体提高和大步前行，斯科拉里功不可没，可以说起到了扭转乾坤的作用。此后，在欧洲杯上，葡萄牙队 4 次进入 4 强，2010 年南非世界杯上杀进 16 强。据 2015 年 5 月 7 日 FIFA 公布的数据，在 5 月世界排名中葡萄牙队居全球第 7 位。这可说是对斯科拉里当年功劳的最有力证明。

3. 世界杯上，再次把实用主义理念发挥到极致

在率队夺得欧洲杯亚军后，斯科拉里的下一个目标直指 2006 年德国世界杯。2004 年 9 月 4 日，葡萄牙队开始了这届世界杯欧洲赛区预选赛的首场比赛，客场对阵拉脱维亚队。拉脱维亚于 1991 年 8 月才宣布脱离前苏联独立。他们的足球队筹建后，在欧洲赛场被称作鱼腩队，成为人见人欺的对象。但是，到 2001 年主教练斯塔科夫斯接手该球队后，该球队便被打造成 4-4-2 防守反击阵形。在经历了 1994、1998、2002 三届世界杯预选赛的失败之后，他的实用战术最终获得成功。所以，对斯科拉里来说，这是一支与自己的作战风格类似的球队。最终，姜还是老的辣。久经沙场的斯科拉里技胜一筹，以 2 ： 0 完胜对手，为球队迎来开门红。

接下来，在预选赛小组里，9 月 8 日，葡萄牙队主场 4 ： 0 大胜弱旅爱沙尼亚队；10 月 9 日，客场 2 ： 2 平列支敦士登队；10 月 13 日，主场 7 ： 1 大胜俄罗斯队；11 月 17 日，客场 5 ： 0 大胜卢森堡队。进入 2005 年后，葡萄牙队首先进行了两场友谊赛：2 月 9 日，客场 1 ： 0 胜爱尔兰队；3 月 26 日，主场 4 ： 1 大胜加拿大队，随后便进入世界杯预选赛。3 月 30 日，客场 2 ： 2 平斯洛伐克队；6 月 4 日，主场 2 ： 0 胜斯洛伐克队；6 月 8 日，客场 1 ： 0 胜爱沙尼亚队；8 月 17 日，与埃及队进行了一场友谊赛，以 2 ： 0 胜出；9 月 3 日，主场 6 ： 0 大胜卢森堡队；9 月 7 日，客场 0 ： 0 平

俄罗斯队；10 月 8 日，主场 2 ：1 胜列支敦士登队；10 月 12 日，主场 3 ：0 胜拉脱维亚队。从这些数据罗列中可以看出，在斯科拉里的带领下，葡萄牙队在预选赛所在的小组里，以 9 胜 3 平不败的骄人战绩，以小组第一名的身份昂首入围世界杯赛。之所以罗列这些数据，是因为通过这些比分可以看出，斯科拉里带领的这支国家队，具有了极强的防守能力，而其所体现的就是斯科拉里在战术上的实用主义原则。

葡萄牙队出线后，抽到 D 组。该小组内的其他球队分别是墨西哥队、伊朗队和安哥拉队。应该说，葡萄牙队抽到了一支上签，没有同那些传统意义上的欧洲和美洲的强队列在一起。当地时间 6 月 11 日，葡萄牙队在本届世界杯上的首战——对阵安哥拉队的战斗打响。斯科拉里排出 4-2-3-1 阵形。守门员是被称为“门神”的里卡多（Ricardo）。在 2004 年欧洲杯 1/4 决赛点球大战中，正是靠他在最后的点球大战中的神勇发挥，才淘汰英格兰队的。左边后卫是努诺·瓦伦特（Nuno Valente）。他曾是当年波尔图队夺得冠军杯的功臣，是在斯科拉里执教期间被征入国家队的新生力量。左中后卫是里卡多·卡瓦略（Ricardo Carvalho），他的职业生涯始于 1997 年。在效力于波尔图队期间，他随队夺得欧洲足联杯和欧冠杯冠军；效力英超切尔西后，他随队获得 3 次联赛冠军。他同样是斯科拉里执教的国家队中的新生力量。右边后卫是米格尔·蒙德罗（Miguel Monteiro）。他效力于西甲的瓦伦西亚队，也是斯科拉里执教时用到的新生力量。右中后卫是费尔南多·梅拉（Fernando Meira）。费尔南多在德甲闯荡多年，身高 1.88 米，是葡萄牙队身材最高者。在斯科拉里执教初期，他曾与斯科拉里闹过矛盾。这次能够在国家队中首发出场，显然是双方以“国家利益为重”而尽释前嫌，达成合作。

在葡萄牙队中场，除大家已经熟悉的德科外，另一位是 1976 年出生的埃曼努埃尔·佩蒂特（Emmanuel Petit）。他的身影曾出现在 2002 年韩日世界杯上。从 2001 年世界杯预选赛后，他就作为葡萄牙国家队中的一员参加国际比赛，并且状态一直很稳定，是葡萄牙队中场的铁闸。右前锋是大名鼎鼎的 C 罗（Cristiano Ronaldo），中前锋是葡萄牙国民心目中的英雄菲戈，左前锋是西芒·萨布罗萨（Simao Sabrosa）。西芒自 19 岁时就入选葡萄牙国家队，曾在西班牙巴塞罗那和葡萄牙本菲卡这样一流的俱乐部效力过。他在场上技术突出，冲击力强，尤其是他的大局观深得斯科拉里信赖。斯科拉里把他称为整个球队的镇静剂。应该说，他是葡萄牙队更新换代当中承前启后式的人物。排在三前锋前列的是老将保莱塔（Pauleta）。

很显然，斯科拉里排出了攻守兼备的打法。面对安哥拉队排出的 4–5–1 阵形，他想借助保莱塔的经验和技术，起到大范围牵制对手的作用，然后撕开对手阵形，伺机攻城拔寨。事实上，战斗进行到第 4 分钟时，保莱塔就敲开了对手的大门。这时，斯科拉里就将他的实用主义搬了出来，让球员守住这个成果，为保存体力而不去思考继续扩大比分。结果，这场比赛以 1 ∶ 0 收场。葡萄牙队取得首场胜利。

当地时间 6 月 17 日，葡萄牙队迎来了小组赛中第二个对手伊朗队。应该说，这是他们在该小组中所遇到的最弱的对手。自然界中的生存法则就是弱肉强食。为此，尽管斯科拉里将阵形定为 4–2–3–1，但他的战略意图十分明显，就是要全取 3 分。所以，对于当时球员的站位，他做了调整。除保莱塔继续单马在前外，他安排第一场没上场的马尼切和科斯蒂尼亚（Costinha）两人组成中场，而把德科调到中前场的位置。当时伊朗队排出的是 4–4–2 阵形，显然是做好了防守反击的准备。他们这种密集防守的做法十分奏效，让葡萄牙队一时找不到突破口，从而致使双方在上半场互交白卷。下半场，关键时刻德科挺身而出，在第63分钟时，攻陷对手城池；第80分钟时，C罗再下一城，确保葡萄牙队全取3分。

当地时间6月21日，葡萄牙队迎战小组中最后一个对手墨西哥队。在这一场中，斯科拉里排出4-3-2-1的阵形，继续让保莱塔一人单刀在前。前锋位置上只安排西芒和菲戈两人，让马尼切、佩蒂特和德科三人组成中场。墨西哥队当时排出3-5-2的阵形。这是一种全攻全守的阵形。但是，双方开战到第6分钟时，葡萄牙队的马尼切就攻破对手的大门。第24分钟时，西芒再下一城。这时，斯科拉里便"保守"起来，重点加强防守。尽管第29分钟时，墨西哥队17号扳回一球，但球员们最终还是贯彻了他的防守策略，让实用主义再次收到实效。这样，葡萄牙队以3战全胜的战绩，提前出线，成功杀进16强。

在16强赛中，葡萄牙队遇上了西欧强敌荷兰队。两队于6月25日开战。事后，这场争斗被人称作经典，而它的经典之处不在于球赛的可观性、激烈程度或具有历史性的精妙杰作方面，而指场面上断杀的残酷程度堪称经典。这场战斗，将斯科拉里的实用主义可谓发挥得淋漓尽致。一切为了赢球，所以不惜一切代价。在这场对阵中，两队可谓杀红了眼。双方除各得两张红牌外，一共还得到了16张黄牌的处罚。其中，还有两次球员间的大规模冲突，真正是如入水火，势同生死。最终，葡萄牙队以1 ∶ 0淘汰对手，取得一场惨烈的胜利，从而闯进8强。

7月1日，葡萄牙队再次遇上强敌——老冤家英格兰队。在前不久的2004年欧洲杯上，他们通过点球淘汰对手。似乎是号准了对手的命脉，斯科拉里还是将他的实用主义贯彻到底，打得赢就打，打不赢就守。结果，全场战斗下来，双方互交白卷，不得不通过残酷的点球大战来决生死。在点球大战中，门将里卡多再次书写神奇，先后成功地扑出英格兰队兰帕德、杰拉德和卡拉格三大悍将的点球，从而帮助葡萄牙队 3 ：1 淘汰英格兰队，阔别 40 年后再次杀进世界杯决赛。

不过，强中更有强中手。在半决赛中，他们以 0 ：1 输给法国队。随后，实用主义发挥了他的消极作用。在对球队没什么实际意义的季军和殿军争夺战中，葡萄牙队球员无心应战，以 1 ：3 输给德国队。

从斯科拉里带领葡萄牙队这一路走来的历程可以看出，他的执教理念中，实用主义牢牢占据着统治地位，从而支配着他着意于足球运动的商业价值。在世界杯首战中，葡萄牙队仅以 1 ：0 小胜安哥拉队。当时不少媒体对他展开批评，他立即予以反击："你们到底想要什么？是必须 5 ：0 大胜吗？但你们懂不懂，3 分才是最重要。看看瑞典队，他们和特立尼达和多巴哥战平，而他们还是多一个人作战。所以在世界杯上，胜利才是最重要的。"这就是实用主义，是时势使然。

第八章

几度浮沉：
从入主蓝桥到中亚淘金

斯科拉里以他的方式成就着个人的传奇，无论走到哪里都能左右逢源，在教练的位置上干得得心应手。然而，不经意间，尽管他在教练的位置上干得风生水起，但蓦然间却有旁刀斜出，刺得他一下子体味到了失意的孤独。

2009 年 2 月，在切尔西主教练位置上干了不到 8 个月时间的斯科拉里突遭解雇，被人扫地出门。同年的 6 月，在爱将里瓦尔多的邀请下，斯科拉里开始了中亚淘金之旅。在那里，他的年薪达到 1300 万欧元，成为当时世界上教练第一薪。然而，干了不到 1 年，再次被东家扫地出门。

从夺得世界杯冠军而头顶光环的明星教练，到让人失望进而被抛弃的职业人，命运的沉浮，人生的起落，在斯科拉里的职业生涯中，可谓空前绝后。对此，他并没有退缩，仍然选择以自己的方式执着而坚定地朝前走着。

1. 带领切尔西，走上英超联赛且排名第一

切尔西是位于英国伦敦的一家足球俱乐部。它的球队队徽以蓝色为主，它的球员衣服为蓝上衣、蓝短裤。每到球员上场时，就会呈现出一片蓝。所以，人们习惯地把这支球队称作“蓝军”。另外，切尔西的主球场位于伦敦的斯坦福桥，所以人们又惯常地把切尔西俱乐部称为“蓝桥”。

切尔西俱乐部成立于 1905 年。他们的历史可谓悠久，但是他们一路走来，却处处体现着“一分钱难倒英雄汉”的商业法则，体现着“英雄无用武之地”“巧妇难为无米之炊”的人生法则。

自创立之后，切尔西因为财政方面的原因，经历了种种挫折和磨难，尽管有过一段时间的小辉煌，但足球运动的高度商业化，其间的任何运作就只能屈从于商业法则。2002—2003 年，尽管切尔西赢得了来年的欧冠资格，但俱乐部此时已负债累累，无法维持运转。于是，2003 年 7 月 2 日，切尔西俱乐部只得卖给了一个年仅 36 岁，但财大气粗，名叫罗曼·阿布拉莫维奇的俄罗斯人，并将俱乐部完全私有化。由此，切尔西开始大把地购买球员，仅当年在转会市场上的投入就超过 1 亿英镑。在财神的资助下，切尔西一改往昔的颓势，俨然以豪门自居。2003—2004 赛季，球队夺得英超亚军；2004—2005 和 2005—2006 赛季，球队两夺英超联赛冠军；2006—2007 和 2007—2008 赛季，球队两获英超联赛亚军。

2007 年 9 月 20 日，因球队内部问题，切尔西俱乐部解雇了为切尔西实现华丽转身并创造辉煌的主教练穆里尼奥，改由俱乐部总监格兰特担当主教练。当年，尽管俱乐部有大把的投入，球队有出色的表现，但球队最终还是在英超联赛中屈居亚军；在联赛杯决赛中，球队居然被热刺队击败；在足总杯赛事中，竟然被乙级队（英冠）巴恩斯利击败；在欧冠决赛中，被曼联击败，又只能屈居亚军。球队这些在外人看来很正常的表现，却引起俱乐部高层的不满。于是，他们又开始大范围地物色名帅。

这时，有着神奇教练美誉的斯科拉里已经结束执教葡萄牙国家队的任期。当机缘将他与切尔西俱乐部联系到一起时，双方很快就达成合作。于是，2008 年 7 月，斯科拉里与切尔西俱乐部签下合同，开始新的执教营生。

在入主切尔西的同时，斯科拉里还把他的得意弟子，也就是在葡萄牙国家队中表现出色的德科引了进来。经过短暂的预备后，斯科拉里便开始了他在英超联赛中的处子秀。2008 年 8 月 16 日，他们坐镇主场迎战朴茨茅斯队。朴茨茅斯队是不久前好不容易才爬上英超的升班马。事后表明，他们在英超除担当陪客的角色外，最大的任务就是为保级而战。这次他们实在运气不佳，遇上了讲求实用的斯科拉里，这也就表明他们不会获得任何同情，只能拼命陪到底。

果然，比赛一开场，从切尔西队身上就让人看到了一种崭新的风貌。在上赛季状态持续低迷的乔·科尔表现抢眼，攻入首球；在上赛季郁郁不得志的阿内尔卡攻入第二球；英格兰队的主力兰帕德攻入第三球；德科不负斯科拉里的信任，以一记惊天远射实现完美亮相。最终，切尔西队主场 4 ∶ 0 大胜朴茨茅斯队，取得联赛的开门红。

随后，斯科拉里便开始在英超联赛及其他赛事中继续书写他的神奇。8 月 23 日，球队客场 1 ∶ 0 战胜维冈队；8 月 23 日，主场 1 ∶ 1 战平热刺队；9 月 13 日，客场 3 ∶ 1 战胜曼城队……另外，在 9 月 17 日举行的欧冠联赛中，球队主场 4 ∶ 0 大胜法国的波尔多队。在随后的欧冠比赛中，球队的表现都十分出色。在联赛中，一度一直稳居第一位。

在 2008 年 10 月 25 日举行的联赛中，切尔西队主场 0 ∶ 1 败给利物浦队。在此之前，斯科拉里执教球队实现英超联赛 6 轮不败的开局。如果加上欧冠联赛和联赛杯等比赛，球队一共取得 13 场不败的骄人战绩。但是，在此之后，球队的状态开始下滑。在 11 月 5 日举行的冠军杯联赛中，他们客场 1 ∶ 3 败给意大利的罗马队。在 11 月 12 日举行的联赛杯比赛中，他们主场 4 ∶ 5 输给名不见经传的伯恩利队。在该月中，他们主场 0 ∶ 0 平纽卡斯尔队，客场 1 ∶ 1 平波尔多队，主场 1 ∶ 2 败阿森纳队。这些战绩，与俱乐部所定的目标可谓越走越远。进入 2009 年后，球队糟糕的状态并未好转。1 月 10 日，球队做客曼联，竟然被曼联洞穿 3 球，以 0 ∶ 3 的大比分输给了死敌，这一下子引发了切尔西球迷的不满。1 月 31 日，球队做客利物浦，不仅没能报上次主场落败之仇，反而被对方以 2 ∶ 0 大比分羞辱了一回。当 2 月 7 日球队主场与弱旅胡尔城以 0 ∶ 0 互交白卷时，主场球迷就把矛头直指主教练斯科拉里，对他进行讽刺和指责。这成了斯科拉里“下课”的导火索。仅过了两天，2 月 9 日，切尔西俱乐部就对外宣布了斯科拉里“下课”的消息。

至此，斯科拉里在切尔西的帅位上所待时间一共还不到 8 个月。这么短暂的执教时间，在斯科拉里以前的执教生涯中，是再正常不过的现象。比方说，第一次执教格雷米奥队，还有执教日本磐田喜悦队，时间比这还短。但是，此一时，彼一时。彼时，他之所以执教时间短，那是因为有人在替他烧高香，希望借助他的传奇去续写传奇，把他当作抢手的“香饽饽”。此时，他的身边没有了鲜花和笑脸，也没有了恭维和仰慕，而是被人当作不受欢迎者而扫地出门。

斯科拉里在切尔西队一共执教了 36 场比赛，取得 20 胜 11 平 5 负的战绩。这个战绩，平心而论，是相当不错的。只是旁人无从知晓当初斯科拉里与切尔西俱乐部所签合同的内容，也就无法知晓斯科拉里“下课”的真正原因。不过，可以猜测的是，这份合同一定包含着切尔西俱乐部的高期待。比方说，要能确保拿到赛季联赛冠军或冠军杯冠军之类的。显然，斯科拉里带出来的成绩让俱乐部失望了，从而只是俱乐部对他产生了失望。

俱乐部显然有它充足的理由。在转会市场上，俱乐部大把大把地烧钱，凡是能请得到的“神仙”都请到了，以至切尔西球队内大牌云集，将星满座。按理说，有过丰富执教经验的斯科拉里完全有能力带领这个团队去再创奇迹、重塑辉煌的。可是，怎么打着打着，球队的精气神就越来越少了呢？

其实，从一定程度上来说，是斯科拉里一手造成这种颓势的。斯科拉里推崇实用主义，为取胜，能够派得上的手段都可用上。但是，他却忽略了英超联赛的特点。在欧洲乃至世界足坛上，英超联赛都是最激烈、攻防转换最快的比赛。在比赛当中，高速度造成了高对抗。这除了要求球员时刻保持最佳的体能外，还必须具有强健的身体素质。斯科拉里为求胜，鼓动球员不怕犯规。但对于其他队何尝不是这样？比如说被称为“红军”的利物浦队，他们的队员在场上可称为“拼命三郎”，从不惧吃黄牌或红牌，在场上铲断凶狠，踢法粗野。对于切尔西本身而言，他们就尝到了苦果。到联赛中期时，球队已是伤兵满营，斯科拉里手上几乎无可用之将。这样的球队，还能期望他走得更远吗？

事后表明，这次“下课”，是斯科拉里执教世界顶级球队职业生涯的分水岭——这让他的人生从天上一下子回到了人间。

2. 从最佳教练到黯然隐退

斯科拉里出生于1948年，是中国人所说的鼠年。时光流转到2008年时，又是一个鼠年。按中国人的说法，这一年，斯科拉里进入了他的本命年。在中国人的传统认知中，本命年是一个不吉利的年份。理由是本命年犯太岁，“太岁当头坐，无喜必有祸”。所以民间通常把本命年又称作“槛儿年”，即度过本命年如同迈过一道槛儿一样。每到本命年时，在中国，尤其是北方各地，不论大人小孩都会系上带吉祥结的红黄绸带，俗称“扎红”，而小孩还要穿红背心、红裤衩。中国人认为，这样做才能趋吉避凶，消灾免祸。

斯科拉里对中国人带有迷信色彩的有关本命年的民俗一无所知——或许知道了，他也会不屑一顾。于是，在2008年这个中国人所谓的本命年里，他在一些葡萄牙人崇敬的目光护送下，毅然执起英超劲旅切尔西的教鞭。一切看起来都是那么完美，执教伊始，球队就取得了13场不败的辉煌战绩。这些战绩映衬得他头顶上神奇教练的光环更加醒目、灿烂。此时的切尔西财大气粗，最看重的就是斯科拉里所推崇的实用主义：只要结果，只要胜利，除了胜利，还是胜利！这种实用主义体现着一项重要的生存法则：合则共赢，优胜劣汰。

不可否认的是，斯科拉里身上有一种永不服输的优秀品质，再加上他有中国人所说的“绝技”在身，有这两项他也就有了立世的资本。但俗话说得好："谋事在人，成事在天。"苍天从不会同时成全每个人的意愿。这也就意味着，这世上没有所谓的常胜将军，往往总会刻意验证着"祸不单行，福无双至"这句话的正确性。其实，导致斯科拉里在切尔西命运转变的仅是一场很平常的比赛。在2008年10月25日主场对阵利物浦这场比赛中，切尔西队以0：1失利。从任何角度来看，输给利物浦这样的豪门，是再正常不过的事。人有失足，马有失蹄，胜败乃兵家常事。问题是，这场比赛过后，切尔西队就如同打开了潘多拉的魔盒，遇弱不胜，逢强则败。根据实用主义原则，不看过程，只看结果。这样一来，优胜劣汰的生存法则就起了作用，斯科拉里遭遇了平生以来最尴尬、最丢脸面之事，被东家毫不留情地扫地出门。对于这种结局，如果用斯科拉里实用主义原则的眼光来看，对他也就颇有搬起石头砸自己脚的意味。

斯科拉里被人扫地出门的事实在他身上充分演绎了中国人的传统价值观念——物极必反，乐极生悲。

斯科拉里被切尔西扫地出门后，英国《天空体育》利用OPTA的权威数据，分析了斯科拉里"下课"的原因。

斯科拉里在切尔西一共执教25场英超联赛，取得14胜7平4负积49分的战绩。这在切尔西以往征战英超的17个赛季所取得的成绩中，仅排在第6位。更为主要的是，这是俄罗斯人阿布收购切尔西以来，球队在25轮后所取得的最差成绩。在穆里尼奥执教的2005—2006赛季，切尔西在前25轮联赛中共取得21胜3平1负积66分的骄人战绩，最终在那个赛季以绝对优势（积91分，超出亚军曼联8分）获得冠军。切尔西在英超17个赛季前25轮取得的第二好的战绩，是穆里尼奥2004—2005赛季获得的。当时，25轮比赛过后，切尔西取得了 20 胜 4 平 1 负积 64 分的极佳战绩。最终，切尔西在那个赛季夺得冠军。2003—2004 赛季，前 25 轮比赛过后，切尔西取得 17 胜 4 平 4 负积 55 分的战绩，那是阿布收购切尔西之后的第一个赛季，最终切尔西获得了亚军。在 2006—2007 和 2007—2008 赛季，25 轮比赛后，切尔西所取得的积分均为 54 分（并且球队最终获得亚军）。这些都超出了斯科拉里带队取得的成绩。到 2009 年 2 月，切尔西在英超联赛中仅排在第 4 位，而且极有可能被阿森纳反超。一旦反超，也就失去了进军冠军杯的资格。这些数字无疑说明，斯科拉里已经是俄罗斯人时代成绩最差的主帅。更为糟糕的是，斯科拉里竟然丢掉了穆里尼奥时代打下的斯坦福桥主场这一最大优势。切尔西被利物浦击败后，丢掉了切尔西队在主场连续 86 场联赛保持不败的神奇纪录。另外，在斯科拉里执教下，切尔西在主场丢分达到 16 分，位列英超强队主场丢分榜榜首，而他们的死敌曼联队，在前 11 个主场比赛中，只是在揭幕战中被纽卡斯尔逼平丢掉 2 分，随后的 10 场主场联赛，全是胜利。事实胜于雄辩，难怪因为带队成绩不佳，斯科拉里甚至无法控制更衣室，反而被德罗巴、阿内尔卡等大牌球星多次质疑了。

在切尔西败走麦城，对斯科拉里来说，不仅是他的执教生涯，也是他人生当中所受到的最沉重的打击，而这也给他留下了不小的心理阴影。当时，被巴西媒体采访时，他说道：“我收到了一份来自英格兰俱乐部的邀请，但和切尔西的合同条款让我无法在一年内接手英格兰的工作……也有一些其他俱乐部和国家队的邀请，但一想到这可能让我重蹈在切尔西的覆辙，我就决定还是在一个全新的环境重新开始，这能让我感到更加愉快。”

从斯科拉里的这番话中，明显可以感知到切尔西“下课”事件对他的打击和影响有多重，而从中我们也能感知他性格中的那种倔强、不服输的一面。他还能重塑辉煌吗？

从事业的角度来说，作为球员，他只不过在一些二流的球队踢后卫和防守中场，表现乏善可陈，平庸乃至默默无闻。34 岁那年，他开始执教生涯。起先也不过是在国内的一些小球会混光阴。得益于自身的努力和执着，他才频频受到命运之神的垂青和眷顾。2002 年韩日世界杯上，他终于攀上事业的巅峰。不过此后，包括在葡萄牙队执教的过程——实质上是毁誉参半。这也似乎在表明，他的事业线是呈纺锤形的。过了那个巅峰以后，只能是走下坡路，且越走越窄。如果真是这种望得见的事业生涯，那也就不由让人产生英雄迟暮的感伤。

从人生的角度来说，2008 年，斯科拉里 60 岁，正好是一个甲子轮回。按中国人的说法，六十而耳顺，对于一切都看得开，看得淡。也就是说，该放弃的就放弃，该歇手的就歇手，操劳了大半辈子，应该安享晚年了。但是，只知晓中国的《孙子兵法》而不知晓中国人的惯常认知的斯科拉里，仍然还在坚守自我，执着前行，演绎着志士的追求："老骥伏枥，志在千里；烈士暮年，壮心不已。"

斯科拉里将会老当益壮，再创人生和事业的辉煌，还是会持续将他那纺锤形事业线描到最后呢？

3. 以世界第一薪，接受乌兹别克斯坦本尤德科邀请

缘于不屈之心，正所谓东方不亮西方亮，斯科拉里黯然离开切尔西球队之后不到 4 个月，他就接过中亚一家俱乐部伸出的橄榄枝。这家俱乐部就是位于乌兹别克斯坦的本尤德科足球俱乐部。2009 年 6 月 8 日，双方签订为期 18 个月的合同。这份合同一签订，就创造了一个世界纪录——他的年薪高达 1300 万欧元，人称世界第一薪，而他也因此成为当时业内最高薪教练。

本尤德科（Bunyodkor）足球俱乐部于 2005 年 7 月 6 日成立，与欧洲和美洲那些球队动辄就有百八十年的历史比起来，可谓是个幼儿。他们的球队前身为库鲁夫奇（Kuruvchi，乌兹别克语意思为建设者），是一家企业的业余球队。2008 年 6 月，他们改今名本尤德科（乌兹别克语意思为缔造者）。俱乐部成立当年，球队就赢得所在地区的联赛冠军，并成功晋级乌兹别克斯坦乙级联赛。2006 年，球队成功夺得乙级联赛冠军，在联赛中取得 27 胜 5 平 6 负的骄人战绩。缘此，2007 年，球队的身影就出现在乌甲联赛的赛场上，创下乌兹别克斯坦足坛中升级最快的纪录。并且，在该年的甲级联赛中，他们一举夺得联赛的亚军。

2008 年，本尤德科俱乐部除改为今名，以彰显球队的职业化外，还在扩充实力上大动手笔。同年 7 月，他们对外宣称，已与巴

塞罗那球队的塞缪尔和埃托奥两员大将签下为期 6 个月的合同。据说，当时他们给埃托奥开出的年薪是 1400 万美元。不过，后来的事实表明，这两人并未加盟。在引进巴塞罗那球员失败后，他们引进前土耳其费内巴切足球俱乐部主教练巴西人济科（Arthur Antunes Coimbra Zico），同时签下前巴西国脚，大家都熟悉的里瓦尔多（他们支付给里瓦尔多的周薪达 8 万美元）。在济科的带领下，本尤德科队成功夺得国内甲级联赛冠军，并在亚冠联赛中闯入 4 强。济科在本尤德科队取得成功后，便离开乌国，前往俄罗斯执教莫斯科中央陆军队。这时，本尤德科俱乐部显然是想让球队更上一层楼。于是，就把目光盯在了有传奇教练之称的斯科拉里身上。

在爱将里瓦尔多的邀请下，斯科拉里慨然应允："我决定接受里瓦尔多的邀请，他是一名出色的球员，对我而言，他是巴西能获得 2002 年世界杯冠军最重要的球员。"同时，本尤德科俱乐部的野心也让他产生大显身手的欲望："球队的计划也很吸引我，他们想要建立一支能够在国际赛场上取得一席之地的队伍，还想建造一座附设 7 块训练场的新体育场，这些都是促使我做出该决定的原因。"于是，6 月 9 日，他就在新的地方、新的环境里又执起了教鞭，开始了新的生活。

商业化的足球运动，从一定意义上来说，就是处处体现价值规律的地方，其中一切都靠实力作证，而这种实力，首先体现在资金上。本尤德科队财大气粗，他们在国际上能请得动斯科拉里这样世界级的名帅。在国内，各种有名气的球员都能被他们收归门下也就不在话下，以致虽然他们成立的时间短，但他们的球员在国家队人员总数中所占的比例超过 3/4。（据传，本尤德科俱乐部幕后的老板，是当时在任总统的千金。所以，该国的大多数石油企业都主动地成为球队的赞助商。）执教这样一支相对高素质的球队，对于斯科拉里来说，一切易如反掌。

不同于其他俱乐部球队，每季除国内联赛外，还有许多重要的国际性比赛。斯科拉里执教后，主要精力放在国内联赛争夺冠军上。另外就是在上一届教练济科的带领下，球队历史性地杀进了亚冠联赛的 8 强。所以，俱乐部对球队在亚冠比赛中夺得好成绩寄予了厚望。

亚冠 4 强争夺赛实行两队单循环制。本尤德科队遇到的对手是韩国的浦项制铁（Pohang Steelers）队。6 月 23 日，两队争夺战开战，本尤德科队坐镇主场迎战。在斯科拉里的带领下，球队上下士气高昂，最终以 3 ∶ 1 的比分战胜对手。这使斯科拉里赢得了俱乐部上下的信任与尊重。随即，斯科拉里在联赛中更是大放异彩，几乎取得全胜的骄人战绩。

不知是被国内联赛持续的胜利冲昏了头脑，还是因过于自信而导致的轻敌，9 月 30 日，在俱乐部最为看重的亚冠杯争夺战客场对阵韩国浦项制铁队的战斗中，斯科拉里竟然眼睁睁地看着对手实现惊天大逆转——以 1 ∶ 4 惨败而归。两回合下来，因进球少于对手而惨遭淘汰，无缘 8 强赛。这可以说为他日后的“下课”埋下了伏笔。好在在国内联赛中，斯科拉里带领球队一度拿下胜 19 场平 1 场的惊人战绩，从而没为自己招来什么口舌。

不过，斯科拉里似乎对亚冠赛重视度不够。当来年新赛季的亚冠小组赛打响时，他差点儿又犯了虎头蛇尾的毛病。当时，他们分在 B 组，其他 3 支球队分别是来自伊朗的佐巴罕（Zob Ahan）队、来自阿联酋的阿尔华达（Al-Wahda）队和来自沙特阿拉伯的伊蒂哈德（Al-Ittihad Jeddah）队。在 2010 年 3 月 23 日主场对阵伊蒂哈德队时，他们以 3 ：0 大胜对手；在 3 月 9 日做客对阵阿尔华达队的战斗中，他们以 2 ：1 拿下对手。然而好景不长，3 月 24 日他们做客佐巴罕时，竟然被对手以 3 ：0 的大比分大大羞辱了一番。3 月 30 日，他们原本想凭主场之利一雪前耻时，没承想再被对手羞辱，以 0 ：1 失利。4 月 14 日，他们做客伊蒂哈德时，没能打出自己的气势，最终只得以 1 ：1 与对手言和。这样一来，球队就只剩下 4 月 28 日对阵阿尔华达队一仗了。到 4 月 14 日比赛结束，小组内的积分情况分别是：佐巴罕队积 10 分，居小组第 1，接下来他们主场对阵伊蒂哈德队；伊蒂哈德队积 8 分，居小组第 2；本尤德科队只积 7 分，居小组第 3。这种积分表明，如果下一场比赛他们打平或输了，就意味着在小组赛阶段会被淘汰。他们唯一的出路就是在最后一场比赛中取得胜利，而且必须是大比分的胜利。因为一旦伊蒂哈德队最后一战中战胜佐巴罕，那么他们仍然极有可能前功尽弃，惨遭出局。

4 月 28 日，小组赛最后一场比赛开赛。最终，在自家门口，斯科拉里带队以 4 ：1 大胜对手。从这个比分似乎可以看出，球队前几次的失利，的确就缘于斯科拉里的轻敌。不管怎么说，斯科拉里带队总算从小组中出线了。然而，再次好景不长——在 16 强淘汰赛中，他们竟然被对手（来自沙特的阿尔希拉尔队）灌进 3 球，最终以 0 ：3 的大比分止步 16 强。这时，俱乐部不再念及斯科拉里在国内联赛中的出色表现，向他下达“下课”的通知。5 月 31 日，球队助理教练卡瑟莫夫（Mirjalol Kasymov）从斯科拉里手中接过教鞭，而这也宣告了斯科拉里在乌兹别克斯坦执教之旅的结束。

如果从比赛的成绩来看，斯科拉里在本尤德科队的执教结果绝对是他人无法企及的，同时也是他漫长的执教生涯中所取得的最好结果——他带领该球队一共进行了38场比赛，取得30胜4平4负的优异成绩，尤其是在国内联赛中，他带领球队夺得该年度的甲级联赛冠军。

斯科拉里的这次“下课”，可作为一种标志，一种开始走向职业“衰老”的标志；也可说是对他长期奉行的实用主义的最有力回馈，具有“以其人之道还治其人之身”的讽刺意味。

不过，凡事有失必有得。在本尤德科，斯科拉里在财富方面可谓是收获颇丰。他在这里将近一年的执教时间内所获得的收入，比他执教葡萄牙队所得到的5倍还要多。再加上人们已经宽容到将胜败视作兵家常事，也就无所谓声名之累了。所以，斯科拉里足可以做到怡情悦性、颐养天年了。

第九章

重回故里：

让他往返于冰火两重天

从最初意得志满地执起财大气粗的切尔西队的教鞭，到半途被东家扫地出门，斯科拉里平生第一次领略了由被人赞誉、被人恭维到被人批评、被人指责的颠覆转变。然而，福无双至，祸不单行。随后，他在乌兹别克斯坦的本尤德科队，又经历了由被人当作神仙供着到被人扫地出门的境遇。

于是，在失意和落寞裹挟下的斯科拉里，有了人生顿悟般的感慨，表示自己将会回到国内，找一些俱乐部再执教一些时间后，会彻底歇手，颐养天年。随后，他遵循着自己的计划行事。他回到国内，执起昔日的东家帕尔梅拉斯球队的教鞭。在这里，他的执教表现乏善可陈，唯一的亮点就是带队再次捧起巴西杯，而这其中还包括不少运气的成分。然而，付出的代价是惨重的——球队最终以倒数第 3 名的成绩直接降入乙级。由于在这里，他创造了球队连续 10 场不胜的纪录，俱乐部不再念及旧情，果断地将他扫地出门。这时的斯科拉里，无疑是在用行动验证着什么叫“盛名之下，其实难副”。

然而，有人无视斯科拉里近来的执教表现，继续把他视作奇迹的创造者，而斯科拉里也自食其不再执教的话语，毅然担起国家队主帅的重任。最终，当在自家门前被德国战车羞辱得无地自容时，他一下子就成了众矢之的，猛地被推上了风口浪尖，仓皇地往返于冰火两重天之间。

1. 重回帕尔梅拉斯，带队获得巴西杯冠军

2009 年 6 月，在加盟乌兹别克斯坦本尤德科俱乐部时，斯科拉里对外界说："我厌倦了漂泊在外的生活。我想要享受阳光沙滩，然后在巴西执教某一支球队，而我的教练生涯最多再持续三四年，之后我肯定会退休。"他当时透露，最迟将在 2013 年退休，而一切似乎也都在验证着他的话。

2010 年 6 月，身心有些疲惫的斯科拉里果然返回了巴西国内。他接受了帕尔梅拉斯俱乐部的召唤，双方签下一份为期两年半的合同。这距上次执教该队，已经过去 10 年了。10 年前，在帕尔梅拉斯这方神奇的天空下，斯科拉里意气风发，帮助球队夺得 1998 赛季联赛亚军，并历史性地夺得该年度的巴西杯冠军和 1999 年度的南美解放者杯冠军。随后，他本人也一路气势如虹，直至问鼎 2002 年韩日世界杯冠军。那么，此番他重回故地，是带给人今非昔比、物是人非，甚至江河日下的人生伤感呢，还是老当益壮、再展雄风的欣慰呢？

在斯科拉里到来（2010 年 6 月）之前，帕尔梅拉斯队一共进行了 8 场巴甲联赛，取得的成绩为 3 胜 3 平 2 负积 12 分。斯科拉里执教后，于 7 月 15 日开始主场迎战当时成绩居中下游的桑托斯队，并以 2 ∶ 1 取得胜利。大凡新官上任都有三把火，然而遗憾的是，斯科拉里连这点儿激情也没让人看到。在接下来的 7 月 18 日做客弱旅

阿瓦伊时，竟然以 2 ： 4 落败，接着又连平博塔弗戈和塞阿拉。8 月 11 日，球队又在南俱杯上以 0 ： 2 输给维多利亚队。

这个赛季，帕尔梅拉斯取得的成绩为 12 胜 14 平 12 负积 50 分，排名第 10。连包括州联赛在内，都没有取得一项大奖。斯科拉里执教的成绩为 9 胜 11 平 10 负，连差强人意都称不上。

如果说这个赛季，斯科拉里是半途接手，这妨碍了他正常发挥的话，那么在接下来的 2011 赛季，他交出的成绩就更让人不敢恭维了。应该说，在刚开始的阶段，球队取得的成绩十分不错。自 5 月 23 日联赛开战以来，球队首战中主场 1 ： 0 战胜博塔弗戈队，次战中 1 ： 1 平强敌克鲁塞罗队，接着 1 ： 0 胜巴拉纳竞技队，2 ： 2 平巴西国际队，5 ： 0 大胜阿瓦伊队。球队在 5 轮联赛中，取得 3 胜 2 平不败的战绩，可说是取得了开门红。然而，到联赛第 20 轮，球队却来了个 5 轮不胜，仅得 3 分的成绩。到第 26 轮，球队竟然长达 10 轮不胜，仅取得 5 分。如果当时有人说这是斯科拉里执教的球队，人们保准不会相信。但现实终归是现实。最终，球队虎头蛇尾，在联赛中仅取得 11 胜 17 平 10 负积 50 分的成绩，排名比上年度下降 1 位，居第 11 位。另外，在该年度中，可以说球队与各种奖项无缘。

古人云，知耻而后勇。但是，进入 2012 年度，对帕尔梅拉斯俱乐部来说，球队取得的成绩，成为他们终生的遗憾甚至是耻辱。这一年度巴甲联赛一开始，斯科拉里带领的球队破纪录地连续 6 轮不胜，仅取得 2 分。7 月 1 日，球队以 3 ： 1 击败费古埃队后，接着就是 1 负 2 平。7 月 22 日球队以 3 ： 0 大败累西腓航海队。随后，球队就一鼓作气地连输 3 场。8 月 15 日球队以 1 ： 0 小胜弗拉门戈队后，再次一鼓作气地连输 3 场。是可忍，孰不可忍。当 8 月 29 日球队被葡萄牙人队以 3 ∶ 0 大大羞辱后，俱乐部终于站出来，向斯科拉里发出了逐客令，让斯科拉里再次体会到了被人扫地出门的痛苦滋味。

2012 年度，斯科拉里执教的帕尔梅拉斯球队在巴甲联赛中，一共进行了 20 场比赛，取得的成绩为 4 胜 4 平 12 负仅积 16 分，在球队中排名倒数第 2。斯科拉里出局后，接替他的是原执教于庞特普雷塔（Ponte Preta）队教练吉尔森·克雷纳（Gilson Kleina）。但他接手后，没能做到妙手回春，同样是无力回天。在随后的 18 场联赛中，仅取得 5 胜 3 平 10 负积 18 分，略高于斯科拉里的成绩。就这样，在整个赛季中，帕尔梅拉斯这位昔日的豪门以 9 胜 7 平 22 负积 34 分排名第 18（倒数第 3）的成绩，时隔 10 年后再次“光荣”地从甲级联赛闯进乙级联赛。

在斯科拉里执教帕尔梅拉斯之前的 2009 年度，球队在联赛球队中的排名为第 5 位。在斯科拉里的带领下，球队不仅没有展现神奇，创造奇迹，反而一步步下滑，直到被淘汰出甲级舞台。这或许可称为反面奇迹。这其中，既有俱乐部内部的问题，也有斯科拉里个人的原因。也许，2012 年，针对球队缺兵少将的现实，俱乐部给斯科拉里定下的首要目标是拿下巴西杯冠军之类的“外在”荣誉。如果从这一点上来说，斯科拉里倒是做到了。因为在这一年度，在他的执教下，球队再次夺得巴西杯冠军。这也成了斯科拉里重执帕尔梅拉斯队所取得的唯一亮点。不妨对这场争夺战做些回顾。

2012 年度巴西杯争夺战于 3 月 7 日开战。对于这种比赛，斯科拉里也许真的是通透中国《孙子兵法》的精神并加以具体利用，才使得他总能找到克敌制胜的办法。因而，球队首先就以 1 ∶ 0 和 3 ∶ 0 轻松淘汰科鲁里皮（Coruripe）队，接着以 3 ∶ 1 淘汰贝洛奥里藏特（Horizonte）队（巴西杯采用主客场双回合淘汰制，如果首回合客队取得两球或更多的净胜球，则不需要进行次回合的较量，直接淘汰对手进入下一轮），进入16强。在16强赛中，他们的对手是巴拉纳（Paraná）队。在首回合中，球队主场以2 ：1战胜对手；在客场时，以2 ：0完胜对手，顺利进入8强赛。在8强赛中，他们的对手是巴拉纳竞技队。巴拉纳竞技队曾于2001赛季获得唯一一次联赛冠军，2005年球队夺得南美解放者杯亚军后，便持续低迷起来。这次他们首轮做客帕尔梅拉斯，还是给主队制造了一些麻烦，以2 ：2的战绩取得两个客场进球。然而，回到他们的主场，竟然以0 ：2败下阵来，很干脆地就把客队送进了半决赛。在半决赛中，斯科拉里遇到了自己的老东家——格雷米奥队。从这次比赛的过往成绩来看，格雷米奥队一路赢得顺利、干脆，丝毫无拖泥带水的情形。如主客场分别以1 ：0和3 ：0轻取伊帕廷加（Ipatinga）队，主客场均以2 ：0完胜塞阿拉州福塔莱萨（Ceará Fortaleza）队等。不过，面对老东家，斯科拉里丝毫没有顾念旧恩从而做到手下留情，而是奉行各为其主的原则。最终，反而是老东家做到了手下留情，以主场0 ：2、客场1 ：1的成绩再次把斯科拉里送上路。事后表明，这是帕尔梅拉斯在本届杯赛上遇到的真正意义上的对手。因为在接下来的决赛中，与他们争夺冠军的是2011年才刚升上来的科里蒂巴（Coritiba）队。对于这样一支实力较弱的队，斯科拉里只要不打盹儿，就能找出制胜之招。结果可想而知——最终，帕尔梅拉斯主场2 ：0完胜对手、客场1 ：1言和后，就夺得这届巴西杯的冠军，而这也是他继1998年那次之后，第二次帮助球队夺得巴西杯。

之所以将这次夺杯过程做一番回顾，就是想通过这些回顾让人看出，斯科拉里这次率队夺得巴西杯，运气成分是占了主要因素的。看看他的球队遇到的对手，除格雷米奥队外，几乎都是二三流的球队。换个角度来看就是说，这次夺杯取得胜利，并不能归功于斯科拉里的执教水平。斯科拉里的实际执教水平不是原地踏步，就是下降，而这在随后的联赛中，他带领球队遭遇的多个失败就是最好的证明。

2. 他再次被选为冲击世界杯的主帅

尽管各种事实一再证明斯科拉里的执教水平已经日薄西山，或者说好听一点儿，已经不适应足球运动不断进步的新形势。但是，他在过去所创造的那些奇迹以及头顶上的光环，在世人的眼里依然光芒闪烁。由此，他时刻受人崇敬，时刻被人奉为盖世英雄。

2014 年，对巴西这个足球王国来说，必将是一个值得大书特书的一年。因为第 20 届世界杯足球赛将于这一年的 6 月 12 日—7 月 13 日在巴西举办。届时，来自世界各地的 32 支球队将在这里参与赛事，进行 64 场比赛，从中产生出冠军队伍。作为东道主，对于球队来说，各种好处不言而喻：不用参加赛区预选赛就能直接参赛，对比赛场地非常熟悉，裁判执法时会有意无意地偏向东道主一方，时刻受到球迷们的欢呼拥戴……可谓天时、地利、人和都占全了。因而，对于这届在本土举办的世界杯，巴西举国上下对夺冠可谓信心满满。然而，巴西人明白，尽管占尽天时地利人和，但关键还在于球队在场上的发挥。自从 2002 年国家队创造出“五星巴西”的神话之后，球队就再也没能延续神奇。

2006 德国世界杯上，高调出战的巴西队在 1/4 决赛中，被法国队以 1 ： 0 淘汰，提前打道回府；2010 南非世界杯上，同样是在 1/4 决赛阶段，被称为夺冠大热门的巴西队被荷兰队以 2 ： 1 打发回老家。在巴西，不缺足球技术和拥有顶尖技术的大牌球星，更不缺浓厚的足球氛围。那它缺什么呢？在这一点上，巴西人可谓达成了共识——巴西球队缺的是能够将拥有各种顶尖技术的球员凝聚成一支具有超强战斗力且战无不胜、攻无不克的领导者，即主教练。所以，对于任何导致失败的比赛，巴西人首先就会将罪责指向主教练。

2006 年，执教巴西队的主教练是佩雷拉。他曾在 1994 年带领巴西国家队夺取了美国世界杯的冠军，此后还带领球队夺得美洲杯和联合会杯赛冠军。然而，当他在 2006 年世界杯上止于 8 强赛后，即遭解职。2006 年 7 月，佩雷拉的爱徒邓加接过了国家队的教鞭。在他执教期间，巴西队再次夺得美洲杯和联合会杯冠军。但在 2010 年南非世界杯上，邓加一直倚重的梅洛屡屡失误，使得巴西队被荷兰队淘汰出局。随后，邓加不得不引咎辞职。2010 年 7 月 27 日，原执教于巴西国内科林蒂安斯队的主教练梅内塞斯（Mano Menezes）出任巴西国家队主教练一职，带领球队征战在本土举行的 2014 年世界杯。

梅内塞斯 2005 年执教格雷米奥队，帮助球队杀回甲级联赛，并于 2007 年带队夺得南美解放者杯亚军。2007 年 12 月他执教科林蒂安斯队，同样帮助球队重新杀回甲级联赛，并于 2009 年夺得巴西杯冠军。很明显，巴西足协任命他执教国家队，就是看中了他能够带队一路高歌猛进，不断取得胜利和进步，从而希望他能带领巴西队继续保持王者的气质，再续辉煌。那么，梅内塞斯带出了什么样的成绩呢？不妨看一下 2011 年在阿根廷举办的美洲杯赛。

先看小组赛。7 月 4 日，巴西队与委内瑞拉队互交白卷；7 月 10 日，巴西队与巴拉圭队 2 ∶ 2 战平，而直到 7 月 14 日最后一战中，巴西队才以 4 ∶ 2 战胜厄瓜多尔队，仅靠净胜球比委内瑞拉队多 1 球的微弱优势排小组第 1。在 8 强赛中，巴西队竟然无法从对手巴拉圭队身上取分，互交白卷后，在点球大战中以 0 ：2 被对手淘汰。

从这场比赛中，丝毫看不出桑巴军团身上有任何王者气质，连迹象也没呈现出来。这也就让人对梅内塞斯的执教水平打上了问号。真正导致梅内塞斯“下课”的主要原因是在热身赛和奥运会上球队糟糕的表现。在他执教的友谊赛中，巴西队曾先后负于法国、德国、阿根廷和墨西哥等对手。在奥运会的决赛中，即使拥有内马尔和胡尔克这样超级球星的巴西国奥队，也没能战胜墨西哥队，最终爆冷出局。由此，巴西足协最终做出更换人选的决定也就众望所归，势在必行。

2012 年 11 月 30 日，巴西足协官方不再封锁消息，对外宣布斯科拉里出任国家队新任主帅，接替上周被解职的梅内塞斯，继续带领球队出战 2014 本土世界杯比赛。这对斯科拉里来说，首先意味着他自食其言。因为先前他曾说过，最迟将于 2013 年退休。其次，再次展示了他那不服输、不服老的性格。从一定意义上来看，斯科拉里是在下一次赌注，他希望通过这次执教巴西队能够再创辉煌，从而一洗在切尔西、在本尤德科、在帕尔梅拉斯带给自己的“晦气”，进而向世人证明，他在这些地方所受到的最终“待遇”，都是极不公平的，他还是那个在世界杯上夺冠的神奇教练。“这是一份荣耀，在出国多年之后再回到巴西，人们还能记得我，还想让我成为巴西主教练。我不再说我不再执教国家队，这是很自然的事情。”为此，在巴西足协宣布任命前，斯科拉里对外放出了这样的口风。

在任命斯科拉里担任主教练的同时，巴西足协还任命前国家队主教练佩雷拉担任技术指导。将两位世界级的教练同时召进国家队，充分显示了巴西人在家门口夺冠的决心。巴西足协官员说：“我们选帅的目标是为了寻求适合我们足球风格的教练，因此我们选择了这两位冠军教练。他们不仅在巴西国内具有很高的知名度，在全世界也享有盛誉。”

斯科拉里那种注重整体、讲求攻守平衡的执教风格以及丰富的执教大赛经验，再次赢得巴西足协的青睐。不过，在不少巴西球迷看来，尽管斯科拉里功勋卓著，但他已失去往日的神奇，而这从他这些年的执教经历中就可见一斑。

斯科拉里再次接过国家队教鞭，首先就开始落实球员人选。1 月 22 日大名单公布。名单基本保留了前任梅内塞斯时期的球员班底，并重新召回了包括罗纳尔迪尼奥、路易斯·比亚诺和门将儒里奥·塞萨尔在内的一干老将。斯科拉里给出的说法是：“此次征召主要考虑的是球员竞技状态以及所在联赛的所处阶段，球员年龄不是问题。我们需要一支技战术实力上乘，能够与欧洲球队抗衡的队伍。”随后，于 2013 年 2 月和 3 月，他率队分别进行了两场友谊赛。结果，2 月 6 日巴西队以 1 ∶ 2 败给了英格兰队；3 月 21 日，在两球领先的情况下，被对手意大利队追平。对此，斯科拉里轻描淡写地说道：“我们希望通过踢友谊赛来组建一个系统化的阵容，同时确定球队的套路。目前我们只踢了两场比赛，很高兴看到球队一点一点地在进步。等到 4 个月后联合会杯开幕时，或许我们能看到有 60 多名适合参加世界杯的球员，然后我们再去决定最佳人选。”斯科拉里的话所要表达的意图再明显不过了：现在还是通过练兵来考查球员的时候，要想看成绩，正式的大赛中见。

俗话说，路遥知马力，日久见人心。如果仅凭一两场非正式比赛的输赢就来判定一个人的执教能力，这自然太武断。那斯科拉里接下来会有怎样的表现呢?

3. 联合会杯的告捷，迷惑了斯科拉里的双眼

2013 年 3 月 25 日，斯科拉里开始了他执掌国家队帅印的第三场友谊赛，对手是由意大利人卡佩罗执教的俄罗斯队。不过，比赛场地选在让他曾为之付出过激情，但最终黯然离开的英格兰切尔西斯坦福桥球场。或许是被什么东西阴魂附体，在这块被人称作福地的地方，斯科拉里总是会遭遇梦魇。尽管这是一场友谊赛，尽管俄罗斯队的足球水平整体上差巴西队一大截，但这场比赛，巴西队同样没有表现出一点儿王者的霸气来。直到终场前，巴西队才洞穿对手球门，从而促使双方以 1 ∶ 1 握手言和。

“成功没有捷径。我们需要经历每个阶段，然后才能达到最终目标。这就是球队目前在做的事情，我们正处在正确的轨道上。”对此，斯科拉里还是表现得轻描淡写。

在早先，斯科拉里谈到 2013 年对巴西队备战世界杯赛的重要性时说过：“如果我没弄错，2014 年我们仅有一场热身赛，所以挑选球员的工作主要通过今年年内的差不多 10 场比赛来完成。”斯科拉里的这番话，轻易就能让人将指责的嘴巴紧闭上。因为这些比赛是用来挑选球员的，而且这样的比赛一共有 10 场，它们都不是为赛出成绩，而仅是为 2014 世界杯夺冠物色人选。然而，正如他一直强调的实用主义思想一样，外人所要看到的就是胜利，哪怕它是友谊赛。

似乎是算准了公众心理也需要安慰似的，在 4 月 6 日与玻利维

亚的热身赛中，巴西队猛地来了个 4 ： 0 的大胜。谁知，刚堵上公众的嘴巴没多久，在 4 月 24 日对阵智利队的友谊赛中，巴西队又被对手以 2 ： 2 逼平。当时，巴西队踢得非常平庸，引起现场 5.3 万名球迷的极大不满，他们汇合成巨大的嘘声来抗议球队的表现。此时，巴西队在国际足联的排名已降到历史最低的第 19 名。对斯科拉里来说，他身上的压力应该是变得空前巨大。他对外解释道："我们仍有很多工作要做。我们知道我们还没（为世界杯）做好准备，每个人都知道这点。"

5 月 14 日，斯科拉里对外宣布进入 2013 国际足联联合会杯巴西队的 23 人大名单。随后的 6 月 9 日，他率领这些人在对阵法国的友谊赛中，突然以 3 ： 0 大胜对手。这场友谊赛的胜利，一时间堵住了公众的嘴巴，让球队按预期平稳过渡到第 7 届联合会杯开赛的那一天。

联合会杯的前身为洲际杯足球赛，由亚洲、非洲、南美和北美加勒比地区足联于 1991 年提议发起，被称为小型世界杯。1997 年，国际足联将联合会杯争夺赛正式纳入国际性比赛之列，于 2005 年将联合会杯赛由先前的两年一届改为四年一届，并正式确定了在每届世界杯年的前一年于举办世界杯的东道主国家举办此项赛事。比如说，第 6 届联合会杯赛在 2010 年世界杯举办国南非举行，举行时间为世界杯赛前一年，即 2009 年。第 20 届世界杯赛将于 2014 年在巴西举行，所以，第 7 届联合会杯赛就在该届世界杯赛的前一年，即 2013 年举行。

2013 年 6 月 15 日，第 7 届联合会杯准时开赛。首战是东道主巴西队对阵日本队。这场赛事是巴西 60 年来首度在本土出战的国际足联赛事。斯科拉里沿用了热身赛对阵法国队时的阵容。或许是缘于球队在先前热身赛中拙劣的表现，球迷们普遍对巴西队表示不满，就连开场前巴西总统罗塞夫和国际足联主席布拉特的赛前致辞，都遭到一片嘘声。然而，比赛开场后不到3分钟，内马尔的快速进球就让球迷们很快闭上嘴巴，擦亮眼睛，并随着比赛的进程而调整心态。结果，让球迷们为之一振的是，这场比赛下来，巴西队以3 ：0大胜对手。接下来的比赛，也就由不得球迷们不为之精神大振了。

6月19日，巴西队以2 ：0战胜墨西哥队；6月22日，巴西队以4 ：2大胜强手意大利队，以3战全胜，小组第一的身份昂首出线。在6月26日的半决赛中，巴西队以2 ：1淘汰乌拉圭队，晋级决赛。决赛于6月30日举行，挑战巴西队的是上届世界杯冠军得主，以堪称完美的技法让世人折服的西班牙队。西班牙队也是在小组赛中3战全胜，以小组第一的身份出线，并且通过点球淘汰意大利队进入决赛的。两队比赛开始后可看出，西班牙队仍然采用的是惯有的控球、短传、配合渗透式进攻，而巴西队则完全贯彻斯科拉里讲求实用的防守反击的打法。巴西队的这种踢法非常简单、直接，球员得球后通常都是毫不犹豫地直接传到对方后防线的身后，由前锋快速插上，并在后防线回防到位前，迅速完成射门。可以说，比赛过程相当精彩——双方球员脚法精湛，技术高超，抢断积极，攻防节奏快，悬念和险象时刻扣住观众的心弦。让巴西球迷眼前为之一亮的是，巴西球员全都身怀绝技，在场上力压对手，从而屡屡形成以快打慢的场面，在场上牢牢掌握着主动，控制着节奏。比赛结果，斯科拉里的实用型风格完全占据上风，巴西队以3 ：0大胜对手，从而让巴西队成为连续三届联合会杯的霸主。

在这届联合会杯上，巴西队全战全胜，在场上打得可谓气势如虹，从他们身上，一下子又让巴西的球迷看到了昔日的王者风范。对于斯科拉里来说，就别有一番滋味在心头了——一种扬眉吐气的滋味荡漾于心头。先前的指责声和风言风语全都随之被淹没，而赞誉得以恢复，神奇的光环又笼上了头顶。可以说，他的身边，一时蝉宁雀静，祥光普照。

不过，联合会杯尽管被人誉为小型世界杯，但在世人的心目中，尤其是那些足球强国的心目中，他们对联合会杯一点儿也不看重。通常都把它视作世界杯前的热身或者对世界杯举办场地提前做适应性体验。比如说，在国际足联将联合会杯列入国际性赛事的初期，参加联合会杯的一些强队，仅把参赛当作一项差事来应付，也就出现了像德国队这样的强队败给一些二流球队的情形。1999 年联合会杯赛，由于得不到各参赛国的重视，曾迫于各种压力两度改期，让举办变得举步维艰。当时的世界冠军法国更是宣布不参赛，巴西和德国也没有派出最强阵容。在随后的联合会杯赛上，参赛国都是抱着练兵，更多还是练新手的目的前来参赛。这样的比赛，也就体现不出各参赛国球队的真正实力。所以，对于比赛结果，无论胜也好，败也好，都仅具有参考的意义。

但是，对当时的斯科拉里来说，他的内心也许并不这么认为。他很可能把这届联合会杯比赛看成了自己执教理念的成功实践。在战胜西班牙队后他说道："我们计划中没有夺冠这一项，这只是我们要走的路，我们知道在 2014 年世界杯中，我们会比现在更强。在本届联合会杯中，有巴西、意大利、乌拉圭和西班牙这四个世界冠军球队，这会让我们极大地提升自信心。"原先没有计划到夺冠，现在居然做到了，斯科拉里自然会把这些归于自己执教理念的正确。其实，他的这种认知，在这届联合会杯第一场比赛大胜日本后就流露了出来："队员们今天的表现不错，如果整个球队都能完全按照我的思路来做的话，他们将会在揭幕战中做得更好。我自始至终要求队员要全神贯注地投入到比赛中去，不要小视任何一个对手。我很欣慰队员们在比赛中始终保持着强烈的求胜欲望。"这种认知，就是缘于对自己执教水平的高度自信，自信到要求别人必须无条件去执行。于是，他抱着这种认知，坚守着自己的执教理念，坚定地朝前走去。

4. 他说，这是我人生中最黑暗的一天

联合会杯结束后，斯科拉里带领球队于8月14日进行了首场友谊赛，结果0 ∶ 1负于瑞士队。不过，这次再也没有出现指责教练和球队的声音了，谁都可以帮着给出失败的理由：阵容调整和主力休假。果然，在接下来的友谊赛中，斯科拉里带领球队一口气拿下6连胜：9月7日，6 ∶ 0大胜澳大利亚队；9月10日，3 ∶ 1胜葡萄牙队；10月12日，客场2 ∶ 0胜韩国队；10月15日，2 ∶ 0胜赞比亚队；11月16日，5 ∶ 0大胜洪都拉斯队；11月19日，2 ∶ 1胜智利队。时间进入2014年，巴西队在世界杯赛前进行了三场友谊赛：3月6日，5 ∶ 0大胜南非队；6月4日，4 ∶ 0大胜巴拿马队；6月7日，1 ∶ 0小胜塞尔维亚队。

尽管是友谊赛，但从这些比赛中可看出，巴西队通过联合会杯重新找回了自信，也完成了球队的战术磨合。一切都表明，在斯科拉里的带领下，巴西队已是上下齐心，做足了准备工作，开始磨刀霍霍，就等着投入战斗了。

然而，在坊间流传着这样一个难以破灭的魔咒：凡是在联合会杯中夺冠的球队，不会在紧随而来的世界杯赛中夺冠。有事实为证：1992年，阿根廷队夺冠，结果在1994年世界杯止步于16强；1997年巴西队夺冠，1998年世界杯获得亚军；2001年法国队夺冠，2002年世界杯小组赛中就被淘汰；2005年巴西夺冠，2006年

世界杯上被挡于 4 强之外；2009 年巴西再夺冠军，2010 年世界杯上再次被挡于 4 强之外。那么，此次在自家门口占尽天时地利人和的桑巴军团，会打破这个魔咒吗？

2014 年 6 月 12 日，本届世界杯揭幕战开战，东道主巴西队迎战克罗地亚队。巴西队排出的还是斯科拉里惯用的 4-2-3-1 阵形。首发队员分别是：守门员塞萨尔（Júlio César）、右边后卫阿尔维斯（Dani Alves）、右中后卫席尔瓦（Thiago Silva）、左边后卫马塞洛（Marcelo）、左中后卫路易斯（David Luiz）、右中锋保利尼奥（Paulinho）、左中锋古斯塔沃（Luiz Gustavo）、右前锋浩克（Hulk）、左前锋内马尔（Neymar）、中前锋奥斯卡（Oscar）和单刀在前的弗雷德（Fred）。

克罗地亚同样排出了 4-2-3-1 阵形。在历史上，克罗地亚队除了 1998 年首次闯进世界杯赛并以黑马的身份勇夺季军外，其他时间都是世界杯上的陪客和过客。因而，从整体实力上来说，他们无法望巴西队的项背。这次与巴西队相遇后，两队的实力立马分出高下。不过，从比赛中倒是能发现巴西队还存在不少问题。当比赛进行到第 8 分钟时，克罗地亚队奥利奇左路带球传中，抢在中路的耶拉维奇射门踢偏后，球却被巴西后卫马塞洛挡进了自家球门。好在球星内马尔在第 28 分钟时的进球将比分扳平。第 68 分钟时，日本裁判给了巴西队一个点球，内马尔将球打进。第 91 分钟补时阶段，奥斯卡为球队再进一球，从而帮助巴西队以 3 ∶ 1 锁定胜局。

如果仅从比分上来看，谁都会觉得一切再正常不过了。巴西队实力本来就高出人家一大截，赢球是必然的。至于说丢了一个乌龙球，那也正常。因为球场上任何情况都有可能发生，只要赢球了，什么都不是问题。如果分析一下斯科拉里的用兵就会发现，他的战术思路还是先前的那一套，几乎没什么更新和改进。首先是采用三中卫的保守打法，寄希望于通过控制中场来稳固防守，然后好抓住机会给对手以致命一击。其次是希望通过整体配合来起到牵制对手的作用，甚至不惜采用野蛮的身体对抗的办法。这种打法本身倒没什么不妥之处，问题是，在斯科拉里的要求下，本是巴西强项的球员脚下功夫被大大压缩，以至球员的脚下功夫变得越来越粗糙，让本是以技术见长的巴西球员，由“战斗机”变成“轰炸机”。在这场对阵克罗地亚的比赛中，马塞洛挡进的那个乌龙球就是最好的证明。另外，也是最主要的一点，斯科拉里把取胜的法宝押在了球星们的灵光一闪上。从 2002 年韩日世界杯上就可见一斑。只是因为当时的 3R 组合太强大了，所以，他们的表现实际上就是在印证积极的进攻是最有效的防守这个道理。也就是说，当年的 3R 组合在进攻的同时，实际上是有效地化解了球队防守方面的漏洞。但是，“千军易得，一将难求”。巴西虽说将星云集，但不一定时时都能出现当年的那种 3R 组合，而更为致命的是，一旦这些球星出了这样或那样的问题，球队的进攻就会哑火。这时，球队遭遇失败也就在所难免。

6 月 17 日，巴西队迎战墨西哥队。在这场比赛中，斯科拉里的排兵布阵几乎与第一场相同，但所取得的效果却大相径庭。最终双方苦战过后互交白卷，与其说墨西哥队依靠门神奥乔亚的神勇发挥，不如说斯科拉里为自己的老套路付出了代价。这是巴西队在世界杯上 36 年来第一次在小组赛上没有提前一轮宣告出线。

6 月 23 日，巴西队迎战昔日的草原雄狮喀麦隆队。如今的喀麦隆队，实力大滑，不复当年本色。因而，拿下对手，对巴西队来说一点儿不成问题。所以，这场球巴西队赢得相对轻松，最终以

4 ：1 取胜。这场比赛取胜后，巴西队以小组第一出线。在 8 强赛中，他们的对手是智利队。

6 月 28 日，与智利队的战斗开战。这场比赛，巴西队应该说开了个好局——在第 18 分钟时，路易斯将发出的角球捅进对手大门，巴西队 1 ：0 领先。第 32 分钟，对手利用巴西队的失误断球成功，桑切斯斜角低射远角破门，双方战成 1 ：1 平，并以这个比分进入加时赛。30 分钟过后再度无果，最终进入残酷的点球大战。在点球大战中，幸运之神站在了巴西队一边，帮助他们以总比分 4 ：3 淘汰智利队。这场比赛暴露了巴西队一个严重的问题，失去脚下技术的球员，创造了传球失误的新高。这对讲求整体配合打法的球队来说，是致命的。

7 月 4 日，8 强赛开始，巴西队对阵哥伦比亚队。依靠席尔瓦第 7 分钟接角球破门和路易斯第 69 分钟的任意球破门，巴西队最终以 2 ：1 淘汰对手。不过，从比赛的过程来看，巴西队打得毫无章法，冲撞不断，脚法粗糙，接球不稳，传球失误频现，场面一点儿也不具观赏性。但球队赢了，这才是斯科拉里要的结果。由此，巴西队闯入半决赛，与德国战车争夺决赛权。

7 月 8 日，战斗打响，巴西队的内马尔在上一场战斗中受伤不能上场，这在一定程度上削弱了球队的战斗力。早在 6 月 10 日的一次球队训练过程中，内马尔和贝纳德在训练时受伤，所幸伤情不重，但引得斯科拉里咆哮不已：“看在上帝的面子上，都注意点儿别伤到自己！”他当时的这种态度，充分体现了他依赖球星取胜的执教思想。这次，内马尔伤重，实在不能上场了，而斯科拉里战术上的弊端就要立马显现出来，他将要为自己的战术思想付出代价，从而也会表明单纯依靠球星这种打法的不合时势。

事实很快印证了这一点——比赛开始不到11分钟，德国队的穆勒就敲开了巴西队的大门；10分钟后，德国队攻进第二个球；随后，在人们还没回过神来的6分钟内，德国队又接连攻进3球。

德国队打得流畅，进球干净，整体配合到位。从场面上来看，他们就像在和一支业余球队进行比赛，丝毫看不出巴西队身上昔日的雄风。最终，德国战车以7：1轻取桑巴军团，再一次印证了在联合会杯上夺冠的球队，不会夺得世界杯冠军的魔咒。

在这场比赛的过程中，平时总是尽情展示自己个性一面的斯科拉里，面对德国人的疯狂进球，显得束手无策。德国队每进一个球，他就在场边教练席上把头缩得更低，一脸的窘相。这场比赛结束时，他终于彻底收敛了自己的个性，向巴西民众低头致歉：“我们祈求宽恕和原谅。同胞们，请原谅我们的错误。我为球员们在场上的表现负责，我也要为结果负责。非常对不起，我们没有达到自己的目标。这可能是巴西队历史上最惨痛的一次失利。毫无疑问，这是我人生中最黑暗的一天。人们永远不会忘记我曾经带领巴西队以1：7输掉比赛。不过我们必须向前看，这就是我要做的。”

尽管斯科拉里的致歉声非常诚恳，当7月12日的季军争夺战中，巴西队以0：3完败荷兰队时，巴西民众再也止不住心中的怒意，排山倒海般地向斯科拉里倾泻而来。在“胜则为王，败则为寇”的竞争原则指导下，斯科拉里往昔带给世人的英雄形象顷刻间轰然坍塌，他头顶上的光环骤然间暗然失色，甚至可以说他整个人生都处在了黑暗之中。

第十章

二次执教：
18 年之后的再一次聚首

2014 年 7 月 8 日之前，巴西球迷把最美的赞歌抛向斯科拉里，对他的景仰犹如滔滔江水，连绵不绝。一双双热辣辣的眼睛，祈盼着他再创奇迹，重续辉煌。2014 年 7 月 8 日之后，泪水模糊了球迷的双眼，也模糊了球迷的心智，以至他们把所有的牢骚怨言、愤懑不满一股脑儿发泄到斯科拉里身上。一时间，斯科拉里成了众矢之的，球迷心中永远的罪人。

世事的变化就是这样让人猝不及防。在 2014 世界杯还没结束之际，斯科拉里就被巴西足协以迅雷不及掩耳之势扫地出门。神奇不再，光环不再，英名扫地，四面楚歌，这使斯科拉里痛苦着、郁闷着、无奈着、失意着。虽然有些人觉得他活得太累了，该歇歇了，但他却是个“闲不住”的人。当他的老东家格雷米奥俱乐部满怀希望地向他伸出橄榄枝时，他毅然决然地接了过去。时隔 18 年之后，他再一次与老东家携手。

不过，今非昔比，斯科拉里好像心有余而力不足：在球场上，鲜有出奇制胜之招；在执教上，无有脱胎换骨之策。逢强则溃，遇弱不胜。再好的友谊，也经不起失败的折磨；再深的感情，也耐不住功利的考验。最终，斯科拉里不得不选择走人。那接下来他的人生会是怎样的呢?

1. 这里是他开始受外界瞩目的地方

在 2014 年 7 月 8 日以前，说斯科拉里是巴西乃至世界历史上出现的最伟大的足球教练，相信很少会有人表示怀疑。在巴西国内，斯科拉里无疑是国人心目中的国家英雄。然而，世事的变化总是让人难以预料。一年之后的这一天，他的头顶上光环不再，身上的名气不再，他过去所创造的一切辉煌都被人一笔抹杀。当年那个意气风发的大菲尔，瞬间被嘲弄为“搞砸”的代名词。

为什么巴西人对斯科拉里的态度转变如此之快？从一些历史数据中，就能让人看出些缘由来。巴西队以 1 ∶ 7 惨败给德国队，追平了世界杯东道主最惨痛的失利纪录。上一次惨败还要追溯到距今很遥远的 1934 年。当年，在对阵当时的南斯拉夫的一场友谊赛中，巴西队以 4 ∶ 8 惨败。另外，在 2014 年世界杯上，巴西队一共丢了 14 球，是 80 年来丢球最多的一次。这让巴西成为自 1930 年以来，长达 84 年的历史上，失球最多的东道主，也打破了巴西在单届世界杯上的失球纪录（1938 年世界杯上为 11 球）。

一个不争的事实是，巴西队惨败，球员负有一定的责任，但更大的责任在主教练，而当时巴西媒体和民众都把斯科拉里当成了罪不可赦之人。有些人从战术上来分析斯科拉里所犯的错误。比如说，他顽固坚持使用在联合会杯上的夺冠阵容，而不考虑个别球员状态下滑。尽管弗雷德一直状态不好，但他仍坚持使用他。在管理上，过于强调心理作用，而没有认真抓训练……

另外，就是他在场外的一些行为。这从斯科拉里昔日的爱将埃德蒙多的话语中可见一斑。他猛烈地批评道："我无条件爱我的国家，我曾有机会代表我的祖国，我本希望我的国家由于本土世界杯而快乐，可我们把自己交给了一位不负责的人。他接了 500 个商业广告，却从不训练球队。遇到第一支强队就踢成这样，作为巴西人我感到耻辱，虽然我没有参与。"在德国队攻进第 7 球之后，埃德蒙多挖苦道："他把帕尔梅拉斯带到降级的礼物是出任国家队主教练。"

然而，正所谓性格决定命运。在经历 1 ： 7 的奇耻大辱和紧接着的 0 ： 3 完败之后，换作别人，肯定会金盆洗手，就此退隐江湖。可斯科拉里首先所做的就是极力撇清自己与球队失败的责任。在提交给巴西足协的报告中，他从多个方面来为自己做辩解，把失败主因归为客观因素，把自己从旁人眼中的能力有限、带兵不力之类的主观因素中解脱出来。另外，就是以不服输、不服老、顾惜声名的心态依恋权力，不为失败担责，不为自己的去留表态。

但迫于各种压力，巴西足协迅速做出了决定——2014 年 7 月 14 日，世界杯举行决赛的那一天，巴西足协对外宣布，巴西主席马林正式接受斯科拉里的"辞职"。真可谓城门失火，殃及池鱼——受斯科拉里"牵连"，巴西足协还解雇了整个技术委员会，包括球队的技术顾问佩雷拉。

这时的斯科拉里，处在千夫所指的风口浪尖上，而他完全忘记了《孙子兵法》上所说的"故善用兵者，避其锐气，击其惰归，此治气者也"之理。也就是说，他可以暂时收敛一下自己的心性，待社会大众的心理趋于平静之后再出来寻觅些活儿干。但他那种"明知山有虎，偏向虎山行”的不屈性格却支配着他很快接受了一家俱乐部的执教邀请。

这家俱乐部，就位于斯科拉里的故乡，即曾经把他扶上马再送上一程，从而让他开始在业界崭露头角，最终使他走向出人头地的格雷米奥俱乐部。2014 年 7 月 29 日，就在巴西国人对斯科拉里的指责声仍不绝于耳的时候，格雷米奥俱乐部对外宣布，刚刚卸任的斯科拉里成为其球队的新任主教练。这是双方时隔 18 年后的再次聚首。

在当日的记者见面会上，斯科拉里说：“我过去曾经两次执教格雷米奥，我们之间的关系非同一般。在这个时刻我重新归来，是因为我需要一个拥抱、一些关爱以及一些了解我的人。格雷米奥正是这样的地方，因为我知道这里的球员和球迷会和我在一起。”这些话，应该真实地体现了斯科拉里的心声：面对众人的指责，他需要以实际行动来证明自己。他希望通过重新执掌格雷米奥队，让球队取得更大的成绩来回敬那些对他执教能力的质疑声。为实现这个目标，他不忘打亲情牌：“每个人都知道我是一名格雷米奥的球迷，我会接受的唯一邀请就是来自格雷米奥。现在我回家了，很开心能够再次回到格雷米奥，没有什么比在今天回到这里更好的事了。”

在斯科拉里到来之前，格雷米奥队的主教练为时年 42 岁的安德森·莫雷拉（Enderson Moreira）。他于 2014 年执起格雷米奥队教鞭。7 月 27 日，球队主场以 2 ∶ 3 负于弱旅科林蒂安斯队后，俱乐部马上宣布让其走人。至此，他在格雷米奥队一共率队参加 12 场比赛，取得 5 胜 4 平 3 负积 19 分的成绩。在本场比赛未开赛时，球队在联赛中排名第 4，本场比赛过后，跌到第 5 名。俱乐部之所以在开赛之初就对教练下逐客令，显然与俱乐部的追求有关系。在 2013

赛季，格雷米奥球队在主教练——前巴西国脚雷纳托·高乔的带领下，取得 18 胜 11 平 9 负积 65 分，在联赛中排名第 2 的骄人成绩。这样的成绩，离夺取冠军非常近。自从 1996 年夺得联赛冠军以来，已经持续 18 年，格雷米奥球队都与联赛冠军无缘。在其他大奖方面，距 2001 年夺取巴西杯冠军已经过去 13 年，距夺取南美解放者杯的 1995 年，已经接近 20 年。为此，俱乐部显然急需夺取一项大奖来证明自己，提升声誉。

最终，格雷米奥俱乐部把主教练人选落实为斯科拉里，显然是基于各种思考过后的选择。其中，就应包括历史性的考量。1996 年格雷米奥球队夺取联赛冠军，就是在斯科拉里的带领下实现的。当时，球队中既无大腕明星级球员，也无什么天意成全之类的外在因素。最终球队能够夺取奖杯，斯科拉里个人可说是功不可没。2014 年，斯科拉里虽说在世界杯上让国家队蒙羞，但他所面对的对手都是世界级的，如果让他执教国内的球队，以他对国内球队的了解，他只需将自己的执教手段和理念加以利用，就极有可能会再次化腐朽为神奇，从而实现俱乐部的伟大目标。

斯科拉里有一个他人无法比拟的强项，就是善于团结球队，能让球员都心甘情愿地听从于他的指挥。他善于鼓舞和激励球员，让大家时刻以饱满的情绪投入战斗。众人拾柴火焰高，这样的团队，想不取胜都难。正是出于这样的考虑，格雷米奥俱乐部随即放手让斯科拉里去调兵遣将。可以说，格雷米奥俱乐部给予了他充分的信任。

8 月 10 日，斯科拉里开始了他在老东家的再一次处子秀，在联赛中对阵同城死敌巴西国际队。当被问及巴西队在世界杯上的惨败对他执教生涯的影响时，他有些顾左右而言他地说道：“唯一的一个变化就是我来到了格雷米奥。”看来，他已经从世界杯的阴影中走了出来，并把心态调整到最佳，在格雷米奥这个曾因他的执教而受世人瞩目的地方，开始了新的征程，新的梦想。

2. 在格雷米奥，他曾经辉煌过

2014 年 7 月，是斯科拉里第三次执教格雷米奥俱乐部球队。1987 年，时年 39 岁的他有幸被格雷米奥俱乐部相中，从而开启了他的豪门之旅。在这里，他一共执教 15 场比赛，取得 7 胜 4 平 4 负的不俗战绩，并带队夺取了州联赛的冠军。

1993 年，斯科拉里再次来到这里。除延续着夺取州联赛冠军的佳绩外，还在 1994 年带队夺取巴西杯冠军、1995 年夺取南美解放者杯冠军、1996 年夺取联赛冠军……这些优异的成绩，成就了他功勋教练的美誉。

如果 2013 年，斯科拉里果真如他先前所说的"最迟到 2013 年退休"的话，那么，他随后不仅可以以一身的功勋和荣誉颐养天年，还能永葆国人乃至世人对他的景仰与崇敬，笑傲天下。或许是接二连三的"下课"事件激恼了他，让他不服输、不低头，决意去执教成为烫手山芋的国家队，以期通过战绩再次来证明自己、宣扬自己。但结果，他的此举可谓搬起石头砸了自己的脚，让他"一世英名"毁于一旦。并且，这种晦气如阴魂附体一样，难以散去。

再度接过格雷米奥队的教鞭后，2014 年 8 月 10 日，斯科拉里便带队开始了执鞭后的首场比赛——对阵格雷米奥同城死敌巴西国际队。尽管事先斯科拉里予以了高度的重视，也知道首战的胜利对自己意味着什么，但是，格雷米奥队还是很不幸地在客场遭遇到羞辱，以 0 ：2 失意而归。首战失利，让人们对斯科拉里的质疑声变得愈加强烈。好在接下来对阵垫底球队克里西乌马时，以 2 ：0 胜出，这多少封上了一部分人的嘴巴。可是，在接下来的 8 月 21 日，球队又迎来失败，败在当时排在第 12 名的克鲁塞罗脚下。不过，斯科拉里顶住了各种压力，开启了接下来连胜 4 场和连续 9 场不败的纪录。这让格雷米奥人一下子看到了球队的希望。

然而，进入赛季后期，斯科拉里在执教过程中又出现了执教切尔西队时所犯的那种虎头蛇尾的毛病。在连胜 3 场之后，转而连着失败 3 场。最终，在 2014 赛季，格雷米奥球队所取得的战绩为 17 胜 10 平 11 负，积 61 分，由上赛季的第 2 名滑落到第 7 名。其中，斯科拉里一共执教 25 场，所取得的战绩为 12 胜 6 平 7 负，积 42 分。这样的战绩，自然与俱乐部的目标差距甚大。

本来，斯科拉里是为证明自己而憋着一股气再度接过格雷米奥队的教鞭的。他刚接手球队时，联赛才进行了 12 轮，他有的是时间去带领球队冲冠。即使不能率队夺冠，至少可以争取跻身前 4 名，从而获得来年南美解放者杯的参赛资格（按南美足联规定，巴西一共有 5 个南美解放者杯参赛资格。巴甲联赛前 4 名球队占有 4 个参赛名额，巴西杯冠军球队占有另一个名额）。然而，一切都可谓大违心愿。球队不但与一切大奖无缘，也没取得任何大赛的参赛资格。如果从技术的角度来做分析的话，球队的进球率更是低得可怜。在 38 场比赛中，只进 36 球，平均每场进不到 1 球，在联赛球队中排名倒数第 4。一切都表明，斯科拉里并没有给球队带来任何实质性的进展，他的身上，那种化腐朽为神奇的魔力早已消失不再。

进入 2015 年，由于新建的格雷米奥竞技球场耗资近 3 亿美元，让格雷米奥俱乐部负债累累，直接导致俱乐部财政状况不佳，而由此也就导致在年初的时候，多名高薪主力拍屁股走人。比如说，加盟天津泰达的阿根廷前锋巴尔克斯，就是在那时候离开球队的。由于财政吃紧，大批中坚球员流失，俱乐部又无力购进新球员，可说斯科拉里已是“巧妇难为无米之炊”。这时，俱乐部内的派系争斗趋于明显化，高层甚至插手球员上场安排，干涉斯科拉里的执教。在这一年的州联赛上，格雷米奥在开局不利的情况下最终杀进决赛。遗憾的是，在决赛中他们败给同城死敌巴西国际队。在格雷米奥俱乐部中，存在着这样一种潜意识：输什么也不能输掉同城德比，因为这对他们来说意味着耻辱。败给巴西国际队，直接导致格雷米奥俱乐部高层失去了对斯科拉里的信任。

2015 年 5 月，巴甲联赛战火重起。在 5 月 9 日主场对阵升班马庞特普雷塔队的战斗中，斯科拉里带领的格雷米奥队最终以 3 ∶ 3 与对手言和；在 5 月 16 日，格雷米奥队客场作战实力不强、处于中下游的科里蒂巴队，结果以 0 ∶ 2 完败而归。逢弱不胜，一平一负，丢失 5 球。这样的战绩，让人对球队表现出了失望。斯科拉里把这一切都归于球员水平不高，一下子激化了矛盾，惹恼了俱乐部高层。这一次，斯科拉里选择主动辞职，离开了于“危难”之中伸手拉他一把的老东家。

还是在 4 月 18 日的时候，斯科拉里曾信誓旦旦地表示，他的确在上月收到了一份来自中超俱乐部的邀请，但是他不会离开格雷米奥。他之所以做出这种表示，是因为 4 月 18 日上午，一位与他私人关系很好的巴西记者加西亚通过推特发布了这样的消息：“一个中国俱乐部正在追求斯科拉里，并为他提供了一份百万美元的报价，不管是否赢（南大河州联赛），他将离开。”而据一些媒体报道，当时与斯科拉里接触的是中超中的上海绿地队，但斯科拉里当时没同意。

这则消息可谓一石激起千层浪，让许多巴西媒体开始关注斯科拉里的去向。当时，斯科拉里率领格雷米奥队在州联赛半决赛第二回合中以 2 ∶ 1 击败尤文图德队。他否认了自己将要去中国：“我几乎每个月都会收到来自中国、卡塔尔等国家的邀请，但我现在还没想过离开格雷米奥。”一些知情人也相信，斯科拉里不会选择离开，家庭因素是促使他留在格雷米奥的最主要原因。何况他与格雷米奥队的合同要到 2016 年才到期。

然而，落花有意，流水无情，斯科拉里最终还是于情非得已中与格雷米奥分道扬镳。2014 年世界杯之后，当时的一些巴西媒体分析认为：“斯科拉里立即接手格雷米奥是个错误，他应该休几个月假，静一下，反思一下。如果他想重新出山的话，他应该学一些新东西，同时让自己的一些方法与时俱进。斯科拉里迫不及待地走马上任，那是个大错。”所以，当斯科拉里败走格雷米奥后，一些媒体便认为，斯科拉里会选择休息一下，反思一下自己近些年的执教经历，同时多学习一些先进知识和理念来充实自己，提高自己的执教水平。

果然，斯科拉里看上去接受了媒体的批评和建议，于 2015 年 5 月 30 日，前往葡萄牙的里斯本。尽管在执教葡萄牙队时成绩不错，为自己在葡萄牙积聚了极高的人气，但斯科拉里此去不是为找工作，而是看望刚出生不久的孙子。因为斯科拉里的长子莱昂纳多和妻子马法尔达都在里斯本从事律师工作，他们的长子出生才 8 个月。斯科拉里做教练时没时间顾及孙子，现在离开格雷米奥帅位，可谓无“官”一身轻，终于有充足的时间享受天伦之乐了。

世事就如滚滚东逝的长江水，是非成败转头空。虽然被名利羁绊已久的斯科拉里看上去好像要开始乐享人间烟火的恬静生活了，但谁能想到，才过去没几天，6 月 4 日，就在圣保罗的办公室里，他与来自中国恒大俱乐部的刘永灼签下了执教合约。在他那种倔强的性格支配下，他没有选择退缩，而是又给自己选择了一条新的道路。在新道路上面，他会留下怎样的脚印呢？

3. 再度离开，入主广州恒大

北京时间 2015 年 6 月 4 日晚，广州恒大队在刚刚结束与天津泰达队的比赛不到一小时的时间内，突然在中超俱乐部中引爆一颗重磅炸弹，宣布更换主教练：“根据俱乐部战略发展需要，经研究决定：聘任路易斯·菲利佩·斯科拉里（Luiz Felipe Scolari）先生担任广州恒大淘宝足球队主教练，聘任期 2 年 6 个月。”

这一决定在随后的 6 月 11 日晚 19 时 50 分，随着斯科拉里乘机抵达广州，得以印证。在广州白云机场，热心的球迷打出“热烈欢迎菲利佩将军和他的教练组来到广州”的中葡双语横幅，而俱乐部工作人员也为斯科拉里和他的教练组成员准备了香槟和百合，以示敬意。当他的身影一出现，就受到一直守候在这里的球迷们的热情欢迎。他接受了球迷献上的球队围巾和工作人员献上的鲜花，并在球迷的簇拥下上车离开机场。在车上，他感慨道：“广州的球迷很热情，真想给他们一个拥抱。”

对斯科拉里来说，他不是第一次来中国，与中国足球也不是第一次接触。早在 1996 年时，他就以巴西格雷米奥队主教练的身份，带着贾德尔、努涅斯等一批巴西球员来中国与北京国安队进行了一场商业比赛。当时在工人体育场，格雷米奥队以 2 ∶ 3 输给东道主。对于这种“友谊第一、比赛第二”性质的比赛，斯科拉里仍然表现出了职业人应有的较真劲儿，对比赛中裁判员的几次关键判罚大为不满，而赛后还大发雷霆，并对着中国的媒体发出毫不留情面的声音：“如果你们总是像这样去赢得比赛，那么中国足球永远都不会有出息，永远也进不了世界杯！”他的这句话可谓一语中的，一针见血——中国队除 2002 年靠幸运“跻身”韩日世界杯外，其余时间都只能沦为外围的看客。可惜的是，忠言逆耳，中国队后来的表现只能成为检验他的话语正确性的有力证据。

斯科拉里这次执教恒大，还带来了 5 名助手。这些人大多数一直追随着他，是他最忠实的合作伙伴。

第一助教是弗拉维奥·穆尔托萨。现年 64 岁的穆尔托萨，从 1983 年开始辅助斯科拉里起，至今两人间的合作关系已超过 30 年。两人间配合默契，堪称“黄金搭档”。

第二助教是被人称为“亚洲通”的伊沃·沃特曼。现年 66 岁的沃特曼，是斯科拉里团队里的新成员，在 2014 年 7 月斯科拉里执教格雷米奥队时才加入教练组。他曾是沙特 U–17 国少队的主帅，在 1989 年曾率队夺得世少赛冠军。随后，他曾短暂执教过卡塔尔国家队和沙特国奥队。近年，他在俄超豪门莫斯科迪纳摩队执教。

守门员教练是卡洛斯·普兰奇得利。现年 58 岁的普兰奇得利在巴西颇有名气，像巴西世界杯冠军门将马科斯、巴西国门卡瓦列里都出自他的门下。在执教前，他曾是一名优秀的球员，曾先后在尤文图德和巴拉那竞技效力，并随队夺得各自州联赛的冠军，而且他还帮助圣安德雷队重返巴甲。1993 年，受帕尔梅拉斯时任主帅巴普蒂斯塔所邀，退役的普兰奇得利出任球队门将教练，直到 2001 年才离开那里，加盟了斯科拉里的巴西国家队教练组。从 2008 年开始，他就一直追随斯科拉里。

体能教练是达兰·施耐德。现年 52 岁的施耐德是专业足球体能训练师。他是斯科拉里的外甥——斯科拉里大姐的长子。从 1988 年，首次与斯科拉里合作时起，到此后的大部分时间，他都与斯科拉里保持着合作关系。

队医是菲利恰诺·内托。现年 45 岁的内托，在斯科拉里团队中学历最高。他拥有南大河州联邦大学硕士学位，主攻人类运动科学专业，还是巴西国家体育理疗学会专家会员，巴西最权威的《体育理疗》期刊评论员。在巴西的理疗界，他是一名资深专家。2007—2008 赛季，他随斯科拉里团队的第二助教伊沃·沃特曼在阿联酋的阿布扎比瓦赫达队任队医兼理疗师，这也是他成为职业足球队医的开始。他能加入斯科拉里团队，当归功于沃特曼的推荐。

另外，斯科拉里执教恒大后，立即将自己昔日的爱将保利尼奥召唤前来，加盟恒大。广州恒大淘宝足球俱乐部于 2015 年 6 月 29 日 9 时 10 分正式宣布巴西球员保利尼奥加盟。这位 27 岁的后腰球员与恒大签约 4 年，转会费高达 1400 万欧元，年薪或达 700 万欧元。届时他将披上 48 号战袍，为恒大队冲锋陷阵。

对于斯科拉里这次接过恒大教鞭一事，有人用再续前缘来形容。因为早在意大利人里皮执教恒大前，恒大的管理层就与斯科拉里有过深入接触，并希望他加盟恒大。只不过，当时斯科拉里一心瞄准巴西国家队主帅的位置，所以没有选择恒大。当时，恒大开出的价码可谓天价。这从斯科拉里事后的一次谈话中可得知："如果我想离开（巴西）的话，我想我肯定早就接受中超球队广州队的邀请，因为他们为我提供了一份高达 1000 万欧元年薪的合同。"至于说他与恒大队的接触深入到什么程度，从他的另一番谈话中就能管中窥豹："相比与中国足协的谈判，与恒大的谈判要更加深入，我们已经在薪水、用人、权力上达成一致。但最后我儿子投了反对票，因为他当时在巴西大学读书，他不想我去中国。”从他的这番话语中还可知道，国足在聘请卡马乔前，也把目光落在了斯科拉里身上。正因为他宁愿选择地方性球队而放弃身价更高的国家队，人们也就把他与恒大的这次牵手归于宿缘了。以恒大人自己的话来说就是：“俱乐部与斯科拉里不是初次认识，而是老朋友，多年前就有良好沟通，相互了解，互相欣赏。”

时隔近 20 年，曾经对中国足球执法表达过不满的斯科拉里选择与中国足球亲近和拥抱，成为备受瞩目的广州恒大队主教练。对他本人来说，这不过是他出于职业惯性所做出的一个事业选择。但是，对于熟谙中国足球行情或者对于企盼外来的和尚能够给中国足球事业奉送上一本真经的爱国人士来说，就有了褒贬不一的说辞。从事实上来说，如果没有 2014 年在自家门口被德国人以 1 ∶ 7 的悬殊比分羞辱的那场经历的话，用“贬”来形容斯科拉里的执教经历就显得言重了。因为即使他执教的球赛有所谓悬殊的落败，也大都属正常现象，都属于人的心理可以接受的范围，相比他创造的“五星巴西”的辉煌来说，所有的落败都可用微不足道来形容。但是，自从有了这个 1 ∶ 7 后，他在人们——尤其是在巴西人的心目中，他的名字陡然间就变成了一个名副其实的贬义词，成为“搞砸”的代名词。如果斯科拉里加盟恒大，确实能带来新气象，那么，以国人的心性，乌鸦瞬间就能变成金凤凰。可是，要是事与愿违，走向了反面呢？

其实，纵观斯科拉里的执教生涯就会发现，他在更多的时候都被人用来担当救急救难的英雄角色，并且他时常不负众望。1987 年，他率领格雷米奥队获得州联赛冠军；1989 年，他远赴科威特执教该国卡迪西亚队，最终率领该队夺得著名的埃米尔杯；1990 年，他短暂就任科威特国家队主帅，率领科威特拿到了海湾杯冠军。在争取韩日世界杯入场券阶段，巴西在预选赛中举步维艰，中北美金杯赛遭遇羞辱。为此，巴西连续换掉三名主帅。在这危难时刻，斯科拉里挺身而出，成功率军进军韩日世界杯，并最终捧起大力神杯……这除了为他赢得巨大的声誉外，也让他的头顶上聚拢起了神奇的光环。显然就是冲着他的这些可谓化腐朽为神奇的本领，恒大队才屡屡向他伸出橄榄枝的。

“寻找世界级名帅，以实际行动促进中国足球水平提高”，是恒大俱乐部一贯以来的发展战略。所以，对于这次斯科拉里的加盟，恒大高层表现出很强的信心：“俱乐部相信，斯科拉里先生将会为恒大队和中国足球带来世界顶级的足球理念、执教水平和管理水平。”

如今的中国人，早已少了当年的狂热和盲从，对各种现象都有基于事实之上的理性判断。对于关心和支持中国足球的人士来说，有一个观点应该是一致的：斯科拉里加盟恒大，能够为他们带来战绩上的提升固然可喜，但如果他能给中国的足球事业带来从战术到战略的脱胎换骨的变化，则更值得庆贺。如果能做到这一点，他纵然没有为单个的球队带来立竿见影的收获，也值得国人去尊崇和爱戴。

第十一章

入主恒大：能否淘得盆满钵也满

2015 年 6 月 20 日，恒大队做客山东济南奥体中心体育场，对阵中超领头羊鲁能泰山队。在这里，斯科拉里开始了在恒大的正式执教生涯。最终，恒大队在这场比赛中实现逆转，以 2 ：1 战胜主队，并把自己暂时送上领头羊的位置。首战开门红，对斯科拉里来说，可谓是开了个好头。

然而，在接下来的比赛中，恒大连平两场，甚至连石家庄永昌队这样的升班马也战胜不了。这样的结果，不仅让球队拱手让出了榜首的位置，也让斯科拉里处在了不利的位置。尽管球队伤员太多，但人们只看重结果。所以，斯科拉里亟须用胜利来弥补一切。结果，在他上任的第四场比赛中，恒大队以 7 ：0 血洗做客的重庆力帆队。并且，在接下来的一场比赛中，球队同样以零失球战胜长春亚泰队。通过这两场胜利，斯科拉里显然找回了自信。同时他也看到，他以最快的速度完成了与球队的磨合，并跟上了中超的节奏。

在接下来的比赛中恒大又连胜两场，斯科拉里在恒大的执教可谓渐入佳境。他似乎以这些实际行动回敬了那些当初称他此次中国之行为冒险之旅的无端戏言，同时也很好地证明了自己的能力。

斯科拉里此次中国之行，还有很长的路要走。他在恒大的每一步，都将是非常艰难的。对于他在这里将会取得怎样的成绩，人们自然是拭目以待。

1. 一胜两平，真的是万事开头难吗

在中国，一个普遍的现象是，足球俱乐部的命名随意性很大，不像国外的足球俱乐部，可以做到超过一百年不更改俱乐部的名称。恒大俱乐部同样如此，其球队在成立之初就经历了多次名称更改，直到 1980 年才基本定名为广州足球队。随后，球队被更名为广州白云足球队。1993 年，俱乐部更名为广州太阳神足球俱乐部。2006 年，又被更名为广州医药足球俱乐部。2010 年 3 月 1 日，恒大集团以一亿元买断其全部股权，恒大足球俱乐部正式亮相。其间，广汽集团以 2500 万元取得一年的冠名权。于是，球队名称就变为广州恒大广汽队。2014 年 6 月 5 日，恒大俱乐部通过资本市场运作，成功吸引阿里巴巴集团注资 12 亿，与恒大足球俱乐部各持 50% 股权。于是，恒大俱乐部现在的全称是广州恒大淘宝足球俱乐部。2015 年，恒大集团再次增资，使恒大集团与阿里巴巴集团的股权比例变为 60% ： 40%。

市场化资本运作成功，让恒大俱乐部一跃成为亚洲第一家百亿级俱乐部。钱多势壮，财大气粗。为此，恒大俱乐部有了更高的目标追求——夺得联赛冠军、夺得亚冠杯冠军，5 年内跻身于世界前 20 名足球俱乐部之列。到时，就可与诸如西甲的巴塞罗那、皇家马德里，意甲的 AC 米兰、罗马和英超的曼联、利物浦之类的足坛大腕级俱乐部比肩。

怎样实现这些高远的目标呢？无外乎招兵买马、扩充实力。俗话说："火到猪头烂，钱到事情办。"2012 年 5 月，曾带领意大利队夺得 2006 世界杯冠军、素有"银狐"美誉的世界级足坛名教练里皮被请来。当时恒大给出的年薪高达 1000 万欧元（超过 8000 万人民币），并且是经过几个月的追求才以诚意"打动"里皮的。这个年薪，仅次于当时的皇马主帅穆里尼奥和曼联主帅曼其尼。

里皮果然名不虚传，接过恒大队教鞭的当年，就带领球队杀进亚冠杯前 4 名。2013 年，带领球队历史性地夺得亚冠杯冠军，并在世俱杯上夺得第 4 名的好成绩。这一年，球队还夺取中超联赛冠军。2014 年，再次蝉联联赛冠军。应该说，里皮向恒大交出了一份让人极其满意的答卷。

2015 年 2 月 26 日，恒大俱乐部对外正式宣布："由于个人身体及家庭原因，里皮主教练近日向俱乐部申请提前终止合同。经俱乐部董事会慎重研究决定，同意里皮主教练的辞职申请。"随后，恒大俱乐部特此举办里皮告别交流会。在会上，恒大高层对里皮的执教表现大加赞扬，感激之情溢于言表，并向广州市政府申请授予里皮广州市荣誉市民的光荣称号。里皮表示，在中国的经历非常美好，令他终生难忘。为此，他感谢了俱乐部、球员、球迷等。

里皮在恒大一共执教 128 场，取得 85 场胜利，球员进球达 287 个。他的这一业绩可用辉煌来形容。因而可以说，他的离去是名副其实的功成身退，凯旋而归。

里皮是抽身而去的，因为他走后，留下了他的得意弟子卡纳瓦罗和整个的执教团队。卡纳瓦罗于 2014 年 11 月 5 日被恒大俱乐部宣布成为恒大球队执行主教练。里皮走后，他实际上执掌帅印。截止到他交出帅印前，一共带队参与了 23 场比赛，成绩为 11 胜 6 平

6负，胜率只有47.8%，比他的师傅里皮低了近20%。在中超联赛中，他带队参与了13场比赛，取得的成绩是7胜5平1负。从执教上来说，卡纳瓦罗应该是合格的。但是，从俱乐部要实现的战略目标来看，他带给球队的影响极其有限。作为俱乐部来说，它所要的是里皮在球队建设方面带来的非常明显的积极变化以及在国际足坛上的影响力。这一点，卡纳瓦罗显然没能合乎俱乐部的要求。

于是，斯科拉里被请来，而据巴西媒体透露，他在恒大的执教年薪超过500万欧元。鉴于卡纳瓦罗执教时，球队在联赛中排名第2，在亚冠中虽晋级8强，但一路走得并不顺畅，所以，斯科拉里到来后，被充当临时救火员角色的用意十分明显——在接下来的比赛中，让球队拿下联赛冠军和亚冠冠军。同时，还要做到像里皮那样，给球队的建设带来积极明显的变化，继续提升俱乐部在国际足坛上的影响力。所以，斯科拉里加盟恒大的首要任务就是“救火”。

斯科拉里是意大利人后裔，他的执教风格在本质上仍属于欧洲型的，在一定程度上他比里皮还要崇尚实用主义。所以，恒大聘请斯科拉里，显然希望他能延续里皮留下的实用打法，同时又能对球队进行新的改造，从而实现新的提升。斯科拉里似乎也切准了恒大的脉搏，于6月12日的新闻发布会做出了这样的表示：“我很感谢里皮团队在之前为球队所做的一切。我们的团队到来后，里皮团队中那些优秀的东西会有加强。他们团队的缺点，我们也会去改进。”

一朝天子一朝臣。斯科拉里到来后，很快他的执教团队取代了里皮的团队，并开始实战指挥。6月20日，他带领球队做客山东鲁能泰山体育场（济南奥体中心），开始了他在中超执教的首战。

说到山东鲁能队，就不得不提一下它的现任主教练库卡。因为他也是巴西人，并且，他与斯科拉里还是老故人。所以，也有人把这场比赛，称作这对巴西老故人间的较量。在 2010 年时，库卡执教巴西豪门克鲁塞罗队，斯科拉里执教帕尔梅拉斯队。结果在两个回合的联赛较量中，以库卡双杀斯科拉里球队告终。次年，库卡以 1 胜 1 平对斯科拉里保持不败。2012 赛季，斯科拉里不仅被库卡双杀，而且颗粒无收。在这三个赛季的交锋中，斯科拉里以 1 平 5 负的执教成绩绝对居下风。遗憾的是，在上一场与贵州人和的比赛中，库卡因与边裁发生冲突，被禁赛 7 场。所以，这场比赛对他来说，也就失去了再次和斯科拉里面对面较量的机会。从事后来看，这绝对是斯科拉里的幸运。

比赛开场第 13 分钟，鲁能队率先破门。第 33 分钟，恒大队靠头球将比分扳平。第 51 分钟，恒大队反击成功，最终以 2 ： 1 拿下比赛。从比赛场面上来看，两队可谓半斤八两，实力在同一个档次上。但比赛的结果对两队的意义则大不相同——两队在联赛中的排名发生转换，恒大坐上了头把交椅，鲁能让出领头羊位置，直落至第 4 名。对斯科拉里来说，这实现了开门红，而与以往不同的是，在开场前，他谈笑风生，满面笑容地拥抱他人，在球队比分落后的情况下，也没有显露出他往日那种大吼大叫的习气，显得内敛了许多。这或许是他一时对中超还没“热场”或别的什么原因使然。

6 月 25 日，恒大队主场对阵国安队，没想到最终两队互交白卷。要说国安队在中超中属于夺冠的热门球队，两队战平属再正常不过的现象，可是，6 月 28 日，恒大做客石家庄永昌球场时，居然也没取胜，双方打了个 1 ： 1 的平手。石家庄永昌队是一支升班马，上赛季还在中甲争斗，竟然能从上届的老大手上夺分，这超出了人们的想象。

虽然都说新官上任三把火，可斯科拉里的这三把火烧得却不温不火，也就让人生出一些联想来。在对阵石家庄永昌队比赛结束后，恒大队不得不把屁股还没坐热的头把交椅让了出来，屈居第3。赛后，斯科拉里谈到了球队的丢球："这个丢球，我们之前就预想到了。但很不幸，我们还是在比赛中有一次失误，其实这种失误所有球队都存在。我们被打了个反击，然后丢球了。但我们的球员有勇气，有很好的态度，这点我很满意，最后我们也扳平了。不过，我们的体能储备现在看起来并不太好。"

斯科拉里的这段话，较平常的发言多了几分知己知彼的坦诚。有了这种坦诚，也许他能带领球队一路走好。

2. 赢了拜仁，这又能说明什么

执教恒大队，斯科拉里带给人们最明显的变化是，他身上巴西人的热情奔放大为收敛，而表现更多的则是欧洲人的那种严谨，还有刻意隐藏内心真实想法的态度。在 6 月 25 日主场战平国安队后，当有记者问到他对已执教的两场比赛有什么看法时，他说："两场国家德比连着，客场赢了，主场平了，非常好。队员们非常尊重教练意见，都为了自己的职业生涯去努力，我现在更开心我能来到广州。"当有记者问到，如果恒大不是伤兵满营的话，那么对阵国安的结果是否会不同时，他说道："现在不是我能选的时候，而是我去如何调整的时候。如果我像其他球队教练一样有完整的队伍在手，那是件多么幸福的事儿。但我对今天场上队员的表现非常满意。"当有记者问到他对中国足球的认识时，他一改 19 年前在北京工体的"中国队永远也进不了世界杯"的态度说道："中国足球的水平提高了很多，中国足球通过引进优秀外援和世界先进的足球理念，已经有机会获得一个世界杯的名额。"

从斯科拉里的这些谈话中，虽然可看出其中多数是客套话，但其中也隐含着他内心的一种焦虑感——在大踢功利性足球的今天，一切都是以成绩说话的。否则，纵使说得天花乱坠，也不过是自欺欺人。所以，对他来说，平局是没多大意义的，取胜才是当务之急。在被石家庄永昌队逼平让出联赛老大的位子后，斯科拉里可谓走上了险道：必须不断取胜才能生存。

看来，斯科拉里心中憋了一肚子气，他要找人发泄，而这个时间终于来了——7 月 5 日，恒大队主场对阵重庆力帆队。结果本土队员集体发飙，以 7 ∶ 0 血洗对手。7 月 11 日，恒大于长春反客为主，以 2 ∶ 0 战胜长春亚泰队；7 月 15 日，主场被河南建业队逼平，客场 3 ∶ 1 拿下辽宁宏远队；7 月 26 日，客场 1 ∶ 0 拿下杭州绿城队。这几轮过后，恒大队积 44 分，以 1 分之差暂居联赛第 2 位。距离本赛季结束还有 9 场比赛，从时间上来说，恒大队夺冠还是极大的。

在 7 月 15—26 日，恒大队在一周双赛的情况下还进行了一场商业比赛，对手是堪称为斯科拉里冤家对头的德国拜仁慕尼黑队。为什么要这么说呢?

在德国足坛，拜仁慕尼黑队是当仁不让的老大，除在国内联赛、欧冠联赛等俱乐部赛事中处于他人无法望其项背的地位外，在国家队的重大赛事中，拜仁队的球员都是构成国家队的核心力量。在 2010 年南非世界杯上，德国队的球员中有 7 名来自拜仁队。在 2014 年巴西世界杯上，同样有 7 人来自拜仁队。德国队的队长，就是拜仁队的队长拉姆。所以，在德国拜仁队一向有“半个国家队”的称谓。在 2014 年巴西世界杯上，让巴西队以 1 ∶ 7 蒙受耻辱的德国队，其首发中前场，几乎就是拜仁中前场的翻版——球员站位相似，面孔相同，而从一定意义上来说，是拜仁队给巴西队以耻辱，给斯科拉里脸上蒙羞。所以，拜仁队也就被人称为斯科拉里的冤家对头。

在这场比赛的赛前，人们普遍担心的是，拜仁队是否会出于商业的目的而敷衍了事。结果让人感到欣慰的是，拜仁队从门将诺伊尔，到队长拉姆、铁卫博阿滕、阿拉巴，到中场核心格策，再到超级中锋莱万多夫斯基，全都上阵。在下半场，更是将拉姆、阿隆索、穆勒这样的绝对主力统统换上。

从斯科拉里本人的角度来说，他显然不希望在一周双赛的情况下来进行这样一场商业比赛。这可从赛前他那有些无奈的话语中感受到："我知道俱乐部很重视这样的比赛。"为此，他不得不尽遣主力上场，而无暇顾及球员伤情和体能情况。所以，这一场比赛对他来说无异于是在冒险。但比赛的结果令他十分满意——最终通过点球以 5 ： 4 战胜对手。为此，他的心情大好，而用球迷的话来说就是，"斯科拉里，你的大仇已报"。这时，他往常自诩的心性立马显现出来："恒大能够与拜仁交手，这本来就是非常难得的机会。虽然我们球员整体的能力不如拜仁，但球员通过我的指导，他们向拜仁展示了我们的战斗力。大家都知道，拜仁是非常非常强的球队，但今天整场 90 分钟的比赛我们是有非常多的机会进球的，这场比赛对于恒大，甚至对中国足球都是一场非常有意义的比赛。"

在谈到为什么让几名主力踢满全场时，斯科拉里回应道："难道你们想看到恒大的预备队与拜仁踢球吗？你们知道拜仁是怎样的球队吗？他们赢得了很多的世界冠军。我可以告诉你，如果今天我有埃尔克森、张琳芃和李学鹏，我会把所有球员都派上场，今天是世界性的对决，中国球员学到了很多的东西。如果我不这样做，今天或许是另外一种局面。当然，这场比赛是之前的主教练约定下来的，所以我只是遵守了两队的约定。"

从斯科拉里的这番话中，的确能嗅到他要一雪之前世界杯被 1 ： 7 羞辱的用意。难怪这场比赛结束时，他的心情非常好，大有庆贺的意味。不过，当有人谈及世界杯上的那场 1 ： 7 的失利时，他并不回避。他说："我的记忆力是非常好的，在那一天，我记得他们都是非常好的人，今天能够再次与他们比赛，我非常开心。足球比赛不是只有胜负的，还有很多其他的东西。我非常开心我的生活能够继续延续。"

不错，"足球比赛不是只有胜负的，还有很多其他的东西"。那么，这"其他的东西"又包括些什么呢？有人说，这次战胜拜仁，恒大帮斯科拉里找回了脸面。这应该说是"其他的东西"中的内容。从这场比赛结束后斯科拉里的表现来看，他的确非常在意这场比赛的胜绩，尽管这只是一场商业比赛。

从某个角度来看，从被切尔西扫地出门那时起，应该说斯科拉里的心理就留下了相当程度的阴影。但性格决定命运，他的倔强和不屈服，注定了他不会向任何失败、打击乃至屈辱低头。为此，他一直努力地寻找着机会，寻找一个再次展现自己、证明自己的机会。比较幸运的是，各种机会从来都向他敞开着大门。从本尤德科、帕尔梅拉斯到巴西国家队，他有的是展现自己的机会。可是，他虽拥有了机会，但并没有能够证明自己——他的表现总是以虎头蛇尾示人。除了落得个不欢而散的结局外，像 2014 本土世界杯上，他更是身受其辱，落得个贻笑大方的下场。

这次商业赛赢了拜仁，斯科拉里之所以感到开心，与其说是雪了前耻，不如说是圆满完成了恒大俱乐部交给的一次任务。所以，他的心里应该明如镜，赢了拜仁真说明不了什么——他所要做的是带领恒大队打好接下来的每一仗，从而帮助俱乐部完成各项目标。

3. 渐入佳境，最终能在恒大功成身退吗

截止到中超第 21 轮，斯科拉里在恒大一共执教 8 场中超联赛比赛，取得 5 胜 3 平的不败战绩，球队在联赛中排名第 2 位。卡纳瓦罗离任时，恒大队在联赛中也是排名第 2 位，但所取得的积分与排在第 1 位的山东鲁能队是相同的，同积 26 分。所以，从排名上来看，斯科拉里执教后可谓是不升反降。

另外，在亚冠赛场，卡纳瓦罗还带领球队以小组头名出线，并且在 1/8 决赛中逆转晋级。他所取得的这些成绩，都是在球队阵容不整、整体实力不如以前的情况下完成的。至于说执教理念方面，他并不是照搬师傅里皮的方法，而是有自己的思路。只不过，恒大俱乐部再也没有给他按照自己的思路来打造球队的机会。难怪当他听说恒大俱乐部与自己解约的消息时，大为惊讶，以至于许久他都说不出话来。

卡纳瓦罗被宣布“下课”后，随即对恒大球员做了不超过 2 分钟的感言：“我会记住广州这座城市，这是一次宝贵经历。我从到广州的第一天一直都是保持笑容，我和球员处得非常开心。看到球员有这样的表现，看到年轻球员的成长，我非常高兴，祝大家好运，希望你们今年能拿到亚冠！”恒大球员默默地听着，最终全都忍不住泪水，任由其夺眶而出。“这就是足球，你们要振作起来。”卡纳瓦罗安慰、鼓励着球员，同他们握手、拥抱，一个接一个地告别，

而他始终把微笑挂在脸上。

从卡纳瓦罗执教的成绩和与球员依依惜别的场景来看，他的“下课”与别人的“下课”有着本质的不同，可谓是虽败犹荣。

当然，恒大俱乐部突然宣布卡纳瓦罗“下课”，并不是一时心血来潮，头脑发热，显然是经过冷静思考后的慎重决定。首先，卡纳瓦罗之所以能够执起教鞭，很大程度上得益于他的师傅里皮的力荐。从恒大俱乐部在选帅时的表现来看，他们择人的标准首先就在于其在国际足坛上的影响力——借此来提升俱乐部在国际俱乐部中的影响力，从而提升自己在国际足坛上的地位。卡纳瓦罗毕竟初出茅庐，一时还没多大影响力。这是恒大从俱乐部发展战略上所考虑的问题。其次，卡纳瓦罗执教后，尽管有球员伤病之类的客观因素存在，但他带领球队一路走得并不顺畅已是不争的事实。另外就是执教理念。

卡纳瓦罗执教时，不再要求球员掌握地面传接的控制型技术，而是采用较为务实但打法简单粗糙的长传冲吊的战术。在比赛场上，球员通常都是在后场倒两脚后就直接大脚吊到前场。通过使用这种战术尽管能给前锋球员制造各种机会，但给球队带来的负面影响是：进攻效率低，轻易就会丢失控球权，从而被对手打反击，而且这种打法极易让球员的体能下降，且会造成球员受伤。这些，也是恒大换帅的一个原因。

要实现 5 年内跻身世界前 20 名俱乐部行列的目标，聘请世界级名帅就成为恒大的首选。所以，征召斯科拉里的加盟，对双方来说都是一拍即合、各取所需。

斯科拉里执教恒大后，给恒大带来了哪些变化，又怎样来看待排名下降的情况呢？不妨以球队在中超联赛中的表现和成绩做些技术分析。

卡纳瓦罗一共执教 13 场比赛，取得 7 胜 5 平 1 负的成绩。在他的带领下，球队的攻击力可谓惊人。13 场比赛一共打进 32 球，平均每场进球 2.46 个。但是，球队的失球率也是相当高的，13 场比赛仅有 3 场未失球，一共丢球 15 个，平均每场都丢一球以上。斯科拉里执教的 8 场比赛，一共打进 17 球，平均每场进球 2.12 个。虽说进球方面略逊于卡纳瓦罗，但 8 场比赛仅失 4 球。这也从侧面反映出球队防守能力得到加强。至于说排名方面，恒大与榜首队仅差 1 分，咬得很紧，并且联赛还有 9 轮。所以，这样的排名一点儿也说明不了什么，而最为主要的是，斯科拉里与球队间已经顺利地度过了磨合期，开始将他的执教理念付之于具体的实战中。虽然同样还是那批球员，还是伤兵满营的情况，但经斯科拉里调整后，已让人看到了可喜的变化。

一个明显的变化是，恒大队少了卡纳瓦罗执教时惯用的大脚长传，多了传接配合。另外就是，防守队员不再像卡纳瓦罗执教时那样强调站位，不轻易上抢，而是积极主动地逼抢。这样一来，在防守上反而稳固了很多，不再手忙脚乱。技法的改变，使得球队很快就展现出攻防的强势，中场的控制力得到恢复和加强，球员间的配合较以前更加默契，进攻的灵动性也得到增强。斯科拉里通过调整，让球队不怎么完整的阵容呈现出一个极佳的状态。同一批球员，经过一定的位置与攻防角色的变换后，展现出更强的战斗力。

正因如此，人们对斯科拉里执教恒大的前景普遍看好，把他执教球队所带来的可喜变化归为他在执教方面已渐入佳境。为此，他的执教声望得到提升。

据腾讯体育 8 月 3 日消息，世界知名足球数据媒体“Football

Coach World Ranking”公布了最新一期的世界俱乐部主帅排行榜。在这份排行中，北京国安队主帅曼萨诺依然是中超所有俱乐部主帅中排名最高的，本期排在第109位，而斯科拉里本期的排名较前期小升了1位，排名第139位。

尽管是排名仅上升了一步，但这起码表明斯科拉里有进步，而且在恒大他已取得了成绩，有了良好的开始。眼下，在斯科拉里的调教下，恒大的阵容已调整出极佳的状态。他会将这种强势巩固下去。随着时间的推移，随着恒大队中正在养伤的那些绝对主力逐步康复，那些新加盟球员逐步适应比赛，有理由相信，斯科拉里会再次打造出一支战力强势的球队。

进入8月后，恒大球队将面临中超和亚冠双线作战的压力。这其实也是斯科拉里本人的压力。不过，作为公众来说，斯科拉里带领恒大队顶住压力实现恒大俱乐部所期望的各种目标固然是好，但如果他在压力下没能如愿以偿地取得成绩，也无需大惊小怪。因为在公众们看来，恒大花大价请来外神，如果仅仅是为某个团体取得一时的荣誉，而没有给中国足球的进步带来实质性的提升，那么，这样的荣誉就不值得称道。这也是恒大俱乐部高层在引进斯科拉里时所表述的期望："俱乐部相信，斯科拉里先生将会为恒大队和中国足球带来世界顶级的足球理念、执教水平和管理水平。"

当然，对于球迷来说，谁都希望斯科拉里能在恒大延续里皮执教时所创造的辉煌。这样，届时他就会如里皮一样，把执教恒大当作一次人生的美好之旅，并以一种近乎完美的方式告别中国，功成身退。

第十二章

爱将高徒：

能征惯战，驰骋疆场

斯科拉里不论是执教国内，还是执教海外，特别注重对球员潜质的挖掘和技能的培养。在一些时候，当他执教于另一支球队时，他会将先前执教过程中培养起来或与自己建有感情的一些技法出众的球员招至麾下，为自己的执教增添克敌制胜的力量。这些球员，各有专长，而斯科拉里对他们的任用也是各有侧重。一个不争的事实是，凡是受到斯科拉里赏识或重用的球员，都会成为足坛上的佼佼者。

在斯科拉里的执教生涯中，受到他器重或被他赏识的弟子可谓举不胜举。这其中，既包括像罗纳尔多和罗纳尔迪尼奥这样的国际巨星，也包括像德科这样由他一手栽培，并扶植为亲信且深孚所望的球星，还包括像里瓦尔多这样，在关键时刻被拉一把后，知道感恩戴德的、已经迈过事业鼎盛期的球星。

从斯科拉里昔日的这些弟子身上，能折射出斯科拉里的专业素养和人格魅力。

1. 保利尼奥：box-to-box 型中场球员

2015 年 6 月 29 日晚，广州恒大俱乐部宣布，巴西国脚保利尼奥（Paulinho，José Paulo Bezerra Maciel Júnior）正式加盟恒大队。他的转会费高达 1400 万欧元，与恒大签约 4 年。7 月 11 日，保利尼奥出现在客场对阵长春亚泰的赛场上，开始了他在中超联赛上的处子秀。

保利尼奥 1988 年 7 月 25 日出生于巴西圣保罗（Sao Paulo），而最初引导他走上足球职业道路的不是在巴西，而是欧洲立陶宛维尔纽斯足球俱乐部（Vilnius FC）。2010 年，风华正茂的保利尼奥回到国内，加盟巴甲豪门科林蒂安斯俱乐部，在科林蒂安斯队，他一共参加了 86 场比赛，踢进 20 球，成功帮助俱乐部夺得巴甲冠军、南美解放者杯冠军。2012 年，他帮助球队击败英超劲旅切尔西队，夺得世俱杯冠军，成就俱乐部"三冠王"的荣誉。

保利尼奥在科林蒂安斯球队的优秀表现，使他很快被国家队相中，并成为国家队主力，而且在斯科拉里执教时尤受重用。在 2013 年巴西本土举办的联合会杯上，他在场上发挥了全能型中场的作用，最终帮助球队击败世界冠军西班牙队。大赛上的优异表现，让他成为像国际米兰和皇家马德里这样的欧洲豪门追逐的对象。最终，他选择了英超的托特纳姆热刺队，转会费高达 1700 万英镑。当时，科林蒂安斯俱乐部的足球总监针对他这样感言道："我要感谢保利尼奥为科林蒂安斯所做的一切，我们不会忘记他。他是一个伟大的球员。科林蒂安斯为曾拥有他这样的球员感到骄傲。到英超去继续他的旅程，了解一种全新的文化也是一个合理的选择。”

2013 年 7 月 6 日，保利尼奥与托特纳姆热刺俱乐部正式签约，一直效力到 2015 年 5 月 3 日英超联赛热刺队对阵曼联的比赛结束。在这期间，他被斯科拉里征召进巴西国家队，参加在本土举行的 2014 年世界杯，并在对阵荷兰和哥伦比亚的比赛中首发，在对阵德国队的半决赛中替补出场。

来到中国，经过近 10 天的调整，保利尼奥已经逐渐找到感觉。他说：“我从来没有体能问题，我还在找节奏，下个礼拜我就会非常好。斯科拉里知道我是什么风格，按照我的方法去踢，在我们领先的情况下，把握一下节奏就好。”

2. C 罗：爆发于 2006 年世界杯之后

C 罗，是人们对克里斯蒂亚诺·罗纳尔多（Cristiano Ronaldo）的习惯性爱称。他于 1985 年 2 月 5 日出生于北大西洋葡属马德拉群岛的首府丰沙尔。他和葡萄牙队的另一名将菲戈是老乡。他的职业生涯起步于家乡的国民队。很快，他的足球天赋受到国内豪门里斯本竞技的青睐，于 17 岁那年，即 2002 年 9 月开始了他在葡超中的展示。次年 8 月，他被英超豪门曼联以 1224 万英镑的价格挖走。在 2003—2004 赛季，他在曼联有着不俗的表现，但到 2004—2005 赛季，他的表现转为一般，没有为俱乐部带来任何荣誉。

在 2004 年，C 罗被招入斯科拉里执教的葡萄牙国家队。球队在当年的欧洲杯上，惜败于希腊队，与冠军失之交臂。随后，他又跟随国家队出征 2006 年德国世界杯赛。在赛场上，他被斯科拉里委以重任，与菲戈、保莱塔三人构成球队进攻核心。最终，在这届世界杯上，球队历史性地闯进半决赛。这届世界杯过后，他仿佛汲取了超人能量似的，竞技水平陡然间来了个大爆发。

在 2006—2007 赛季，他在曼联的各项赛事中一共打进 23 球，成功带领曼联夺得远离四载的联赛冠军，他本人也获得 13 项殊荣。到 2007—2008 赛季，他的表现更是让人大吃一惊，除帮助曼联队蝉联英超冠军外，还帮助球队夺得冠军杯冠军，让俱乐部第三次捧起冠军杯奖杯。在这两个冠军争夺赛事中，他分别以进 31 球和 8 球成为最佳射手。为此，他个人荣膺 2008 年度欧洲金球奖和“世界足球先生”的光荣称号。

2009 年 6 月，C 罗以 9600 万欧元的身价转会至皇家马德里，成为足球史上身价第一高的球员。

2014 年 1 月，C 罗力压里贝里、梅西，夺得 2013 年度国际足联金球奖。

C 罗是个全面加全能型足球人才。在比赛场上，他有速度、力量、体能、技术、意识和勇气。他能用速度过人，用假动作过人，能头球破门，能射点球、任意球，能抢点，能补射，又能远射，能脚后跟破门，也能脚后跟助攻，能上演进球帽子戏法，也能上演助攻帽子戏法。对此，德国前主教练勒夫对 C 罗如此评价道：“他是世界上最出色的球员。毫无疑问，克里斯蒂亚诺是另外一种类型。他更有冲击力，能做更多的事情，并且每一次他给人带来的冲击都是非常大的。当你看他启动的时候，你不知道他下一步将做什么，但你知道肯定会发生什么。他总是非常有威胁，他是一个非常职业的球员，每时每刻都想着成为最佳，他是难以置信的。我对他充满尊敬。”

C 罗个人的成长，在很大程度上得益于斯科拉里的栽培。“我承认对 C 罗有些偏爱，我的儿子比他大，我把他当成自己的小儿子。他就像巴西的罗纳尔多，需要时刻感受到别人的偏爱才行。”斯科拉里如此对媒体说。2006 年世界杯结束后，他在接受英国《太阳报》采访时明确指出：“对于 C 罗而言，他职业生涯的启蒙教育阶段已经结束。克里斯蒂亚诺需要换换空气，这就是我的建议。”一个明显的事实是，名师出高徒。也正是在这之后，C 罗才开始了大放异彩的职业生涯。

3. 内马尔：获得 Hors Concours 大奖

内马尔·达·席尔瓦·桑托斯·儒尼奥尔（Neymar da Silva Santos Júnior），1992 年 2 月 5 日出生于巴西圣保罗州。在巴西桑托斯俱乐部，他是继球王贝利和罗比尼奥之后又一位天才式足球球员。

2003 年，内马尔随全家搬迁到桑托斯。在那里，他加入了桑托斯足球俱乐部少年队。17 岁那年，他同俱乐部签下职业合同，开始随桑托斯一线队作战。2009 年，他一共随队出战 48 场，并攻进 14 球。2010 年，他在州联赛的 19 场比赛中，一共攻进 14 球，帮助球队夺得州联赛冠军。在整个赛季中，他一共出场 60 次，攻进 42 球。

2011 年，内马尔帮助桑托斯队时隔 48 年后成功夺得联赛冠军。在该年度的南美解放者杯比赛中，他以 6 个进球帮助球队同样时隔 48 年后夺得冠军。为此，他本人当选为南美足球先生，并赢得 2011 年国际足球普斯卡什奖。

2012 年 12 月 4 日，内马尔获得巴西金球奖（Hors Concours），成为巴西历史上时隔 42 年后又一位获得该项大奖的球员，达到了贝利的高度。需要说明的是，该奖项不是每年颁发，而是只有在具有这种领奖资格的球员出现时才会颁发。1970 年，该奖首次颁给球王贝利，此后一直无人企及，而内马尔成为领取该奖的第二位球员，所以说他达到了与球王比肩的高度。

2013 年 6 月，内马尔加盟西甲豪门巴塞罗那队。据《世界报》

披露，他的转会费高达 9600 万欧元，成为足球历史上转会费最高的球员。

2014 年巴西世界杯上，内马尔成为斯科拉里手上最为倚重的一张牌，成为主力中的主力。在比赛中，内马尔也以自己的实际行动和能力回报着斯科拉里的信任。在揭幕战上，在队友踢出乌龙球的不利情况下，内马尔通过个人的技能梅开二度，帮助巴西队实现开门红。在 6 月 24 日对阵喀麦隆队的比赛中，他再次于战斗中独中二元，从而帮助球队以小组第一的成绩从小组中出线。

当时，有记者问斯科拉里，巴西队是否过分依赖内马尔。斯科拉里看似不屑一顾地说道："我们依赖内马尔，就像阿根廷依赖梅西一样，有些球员就是那样，可以让整个球队都变得不同。梅西如此，内马尔也一样。"在 6 月 10 日，内马尔在一次球队训练过程中受伤时，斯科拉里咆哮道："看在上帝的面子上，都注意点儿别伤到自己！"联想到这些，就可知记者的询问并非空穴来风。

事实上，在这届世界杯上，斯科拉里的确对内马尔寄予了极高的期待。包括他的战术布局，都在一定程度上围着内马尔做文章。这也就导致了对手们纷纷打起了内马尔的"主意"，从而让他成为受侵犯最多、受伤最严重的球员。

业界公认的是，内马尔除了以速度快著称外，他的那种花哨盘球、过人的技术以及宽阔的视野，都成为他与巨星比肩的重要因素。

4. 卡卡：从世界杯起步，成长为世界足球先生

卡卡，全名为里卡尔多·伊泽森·多斯·桑托斯·莱特（Ricardo Izecson Dos Santos Leite）。1982 年 4 月 22 日，他出生于巴西首都巴西利亚，拥有巴西和意大利双重国籍。

卡卡 8 岁时就加入了圣保罗足球俱乐部。15 岁时，他帮助球队赢得圣保罗州青年杯赛的冠军。2001 年 1 月，他加入成年队，并随队出征于各种比赛。这一年，他帮助球队赢得第一个里约—圣保罗州锦标赛冠军。

随后，卡卡被斯科拉里慧眼识中，入选国家队，出征 2002 年韩日世界杯。在一定程度上来说，斯科拉里是卡卡成长之路上的恩师加大贵人。当时，因为执意要将“独狼”罗马里奥逐出国家队，斯科拉里可谓是与整个巴西球迷乃至民众闹翻了脸。作为巴西进球水平最高的球员，罗马里奥拥有无数的支持者。在斯科拉里宣布他落选国家队消息的当天，就有几百名支持者举行了抗议示威活动。

斯科拉里之所以如此固执己见，正是因为当时他看上了一个天才少年，他就是 19 岁的卡卡。只在巴西国内联赛踢了一年，他就被斯科拉里招入国家队，并且参加了世界杯。这种在无数球员心目中梦寐以求的事情，竟然在卡卡身上成为现实。2002 年 1 月 31 日，在对阵玻利维亚队的热身赛中，他开始了在国家队中的第一次展示。2002 年 6 月 13 日，这一天可以说让他永远铭记：韩日世界杯

巴西队对阵哥斯达黎加队到第 72 分钟时，斯科拉里对他发出上场指令 :“卡卡，准备上场吧！”当时，他竟然没有反应过来。等斯科拉里又重复一遍时，他才慌忙站起身，脱掉外套去热身。当时，他身披 23 号战袍，替补斯科拉里爱将里瓦尔多出场，开始了他在世界杯比赛中的首秀。

从此，卡卡开始了他大放异彩的职业生涯。2003 年夏，他转会至意甲豪门 AC 米兰，在很短的时间内就赢得主力位置，并逐渐成为场上的进攻核心。2003—2004 赛季，他帮助球队夺得意甲冠军。在随后的赛季，他均帮助 AC 米兰取得了不错的成绩，而且他本人也因出色的表现而广受赞誉。在 2006—2007 赛季，他帮助球队夺得欧洲冠军杯冠军和世俱杯冠军。鉴于他的优秀表现，他获得了 2007 年金球奖及“世界足球先生”等多项荣誉。

2009 年 6 月，卡卡加盟皇家马德里俱乐部。6 月 30 日，当他踏上伯纳乌草坪时，现场球迷欢声雷动。在这里，他以自己的实力继续赢得广泛赞誉。

卡卡属于身体素质过硬、带球技术精湛这两项能力都处于顶级的球员。他具有超强的长途奔袭能力，在高速运动中能够灵巧地摆脱对方防守队员的纠缠，并且动作极具观赏性。另外，他还具有出色的远射能力，射出的球速度快、角度刁，真正是“百步穿杨”。再加上他在球场上视野开阔，又具有中场指挥和组织能力，所以他成为了足球巨星。可以说，一个足球运动员只要集这些优点于一身，他想不成为足球巨星都难。

5. 兰帕德：忠诚敬业的战将

弗兰克·兰帕德（Frank James Lampard），于1978年6月20日出生于英国伦敦。

1994年7月，兰帕德以训练生身份加入西汉姆联俱乐部青年队。一年后，他与俱乐部签下职业合同。1995年10月，他被租借到斯旺西队。他的首个职业比赛进球就是在斯旺西完成的。1996年1月，他返回西汉姆联，并在月底第一次出场作战。1996—1997赛季，在对阵维拉的比赛中，他被撞断了腿，不得不退出比赛。1997—1998赛季他伤愈复出，并于下个赛季成为球队的主力。1999—2000赛季，他为球队攻进13球，成为第三得分手。2001年，他加盟切尔西俱乐部，并在头个赛季攻入7球。

2004—2005赛季，穆里尼奥执教切尔西，兰帕德也迎来职业生涯的黄金期。在这个赛季，他一共攻入19球，帮助球队夺得第一个英超冠军。他本人也因此拿到了“世界足球先生”和欧洲金球奖的两个亚军。在随后的一个赛季，他帮助球队再次夺得英超联赛冠军。

2008年7月，斯科拉里入主切尔西。兰帕德被委以重任，成为了场上进攻的发动机。兰帕德也以实际行动来证明和回馈斯科拉里的信任与厚爱。不妨以2008年9月16日欧洲冠军联赛切尔西主场对阵波尔多的那场比赛来对此进行说明。在那场比赛中，兰帕德在第14分钟就于8码外头球破门建功。最终，该场比赛以切尔西

4 ∶ 0 大胜告终。

赛后，切尔西官网这样评述道 :“新赛季的欧冠首胜，球队应该感谢两个人，一个是为球队锁定胜局的乔科尔，一个就是在比赛中两传一射的兰帕德。两位英格兰籍的球员让切尔西队品尝到了胜利的果实，也为主教练斯科拉里的首场欧冠赛事献上了厚礼。”欧足联在赛后的评述中重点赞扬了兰帕德，将他评为本场比赛的最佳球员 :“对于波尔多来说，兰帕德简直就是他们的噩梦，切尔西中场在为球队取得领先优势之后，他是队中唯一没有放弃进取的球员。正是他的努力让两位法国人在下半时再入两球。斯科拉里的欧战首胜应该感谢这位得意弟子。”

在欧洲足坛上，兰帕德属于高产的中场球员。在切尔西的每个赛季，他都保持着两位数的进球。他射门力度大，命中率极高，经常有一些惊人的远射出现。他能以精准的长传策动反击。他直传对方防线身后的球，往往能让前锋队友抓住机会，给对方以致命一击。

兰帕德一路走来，仅效力于西汉姆联和切尔西两个俱乐部。这对于知名的球员来说，是极为罕见的现象。在切尔西球队，除 2006 年 9 月 16 日客场对阵热刺的比赛，因领到红牌而停赛一场外，他在英超比赛中再没缺席第二场。这其中所体现的是一种高度的忠诚和敬业精神。为此，当时执教切尔西的主教练穆里尼奥这样评价兰帕德 :“他每天都训练，踢每场比赛，冷天、热天、雨天、雪天，在我的战术系统中他完全符合要求。他就是那种‘万能先生’。虽然有一些球员有很好的天赋，罗纳尔迪尼奥、卡卡、舍甫琴科……但我最欣赏兰帕德，给谁我都不会拿兰帕德换。”

6. 阿内尔卡：性格古怪的天才前锋

2008 年 9 月，在欧冠切尔西对阵波尔多的比赛前，据法国媒体报道，时任切尔西主教练的斯科拉里收到一盒录影带。录影带内，阿内尔卡被绑架了，并出现了这样的声音："这是一个来自弗拉大古的录音带。斯科拉里先生，你最得意的弟子，前锋阿内尔卡现在在我们手里，如果想让我们放了他，那么你必须答应我们，你们得穿上新的球鞋出现在球场上。我们不希望合同推迟到巴黎签订，你们应该在对阵波尔多的比赛前决定此事。路易斯·费利佩·斯科拉里先生，希望你能对我们的提议有兴趣。"

不知道此事是否真实，但一个不争的事实是，自斯科拉里入主切尔西以后，阿内尔卡就成为球队的进攻核心，成为斯科拉里最为倚重的球员之一。

阿内尔卡，全名是尼古拉斯·阿内尔卡（Nicolas Anelka），1979 年 3 月 14 日出生于法国的瓦塞雷斯。对于中国球迷来说，应该并不陌生。因为他曾于 2012 年加盟过中超的上海申花俱乐部。

阿内尔卡 11 岁时进入巴黎圣日耳曼青年队，13 岁时进入法国克莱枫丹足球训练学校。1997 年从巴黎圣日耳曼转会到英超的阿森纳俱乐部，并且在阿森纳一举成名。1999 年他以 2300 万英镑的身价转会皇家马德里俱乐部，但是在那里他觉得如同经历噩梦一般。于是，2000 年 7 月他离开皇马，回到巴黎圣日耳曼。2001 年 12 月，他被租借到利物浦效力半年。2002 年 6 月，他以 1300 万英镑的身价转会英超曼城队。2005 年 1 月，他远走土耳其劲旅费内巴切俱乐部。2006 年 8 月，他加盟英超的博尔顿，成为当家射手效力至 2008 年 1 月。随后，他被切尔西以 1500 万英镑的身价带走，成为斯科拉里手下的得力干将。

阿内尔卡之所以如此短暂地、频繁地被人“卖”来“卖”去，就像一个被人踢来踢去的球一样，就缘于他那古怪的性格。其孤傲的个性令他每到一处，都不能很好地融入球队之中，也不能处理好上下级间的关系，是典型的足坛“流浪者”。在法国，他因此被人称为“问题少年”。比方说，在加盟上海申花后，他就与自己的法国同胞、当时的申花主帅蒂加纳产生了纠纷。在 2010 年南非世界杯期间，他因辱骂主教练多梅内克而被法国足协宣布开除出国家队。

不过，除去性格上的原因外，对于足球本身，阿内尔卡是极具天赋的。他在比赛场上的特点就是速度奇快，射门感非常好。即使在高速运动中，他也能对着球门做出有力的射击，而且精准度很高，基本上都在门框范围之内。他能够稳健自如地控球，但他从不追求球技的花样和可观赏性，而只是为赢球而努力。在 1997—1998 赛季，他随阿森纳队夺得英超联赛冠军和英格兰足总杯冠军；1999—2000 赛季随皇家马德里夺得欧冠杯冠军；2000 年随法国队夺得欧锦赛冠军；2001 年又夺得联合会杯冠军；2001—2002 赛季，随巴黎圣日耳曼队夺得托托杯冠军；2004—2005 赛季，随土耳其费尔巴切队夺得联赛冠军。

至于人们说到阿内尔卡性格古怪，他是这样认为的："我并不是个异类，我与其他人一样。我努力踢球，争取在场上做到最好。但是在更衣室里，我就是一个安静的人。"

第十三章

性情中人：
嬉笑怒骂皆因球

斯科拉里带给人的印象，特别是带给中国人的印象，首先就是他身上没有传统认知上的那种煞气。他总是那么一副大大咧咧、满不在乎的样子。有时，他还会卷起裤腿走路，就像即将下田插秧的老农。他的面相中有一种与生俱来的温婉，从而让人根本不会把他与严肃的政论官员或清高的学者文人联系在一起。有时候，怎么看他都像是一位集市上惯于吆喝的小贩或单位里朴实乐观的看门人。

在比赛过程中，他那双火眼金睛总会呈现出两种情愫来：遇到对手侵犯自己的球员或是做出不利于自己一方的举动时，他往往会像失去理智一样，瞬间暴跳如雷，尖酸刻薄，得理不饶人，甚至于会做出一些报复性的动作来。对于自己的球员，他同样会大声咆哮，传达着自己的意图，而在场下，他对球员，特别是对那些有潜力的球员，就像母鸡护雏一样，张开翅膀时刻保护。像C罗和内马尔这样的球星，都曾是他双臂保护的对象。

这就是斯科拉里，平实而不矫饰，倔强而不刻板，虽我行我素到刚愎自用的程度，但绝不一意孤行。他外表有巴西人的热情奔放，内心却又有欧洲人的严谨和理性。他从不掩饰自己的感受，张扬个性却又恪守做人准则。可以说，他是一个标准的性情中人。不论他在球场上做出怎样的行为，或嬉笑，或怒骂，都是因为球。

1. 强硬倔强，头撞南墙不回头

在行事风格上，斯科拉里明显属于强硬倔强型的人。凡是他坚持的，绝不退缩避让。这种行事风格，显然是他数十年来阅人无数、历事无数累积起足够的经验而养成的，是基于成功之上的一种高度自信。随即，他又把这种自信反馈到具体的运筹决策和人事安排上。

在 2002 年世界杯前的南美区预选赛上，巴西队可谓举步维艰，以致接连易帅。斯科拉里接手后，严格按照自己的执教风格去做人事安排。其中，最值得一提的就是弃用老将罗马里奥。罗马里奥此前曾为国家队出场 71 次，攻进 58 球。在 1994 年世界杯上，他帮助国家队夺得世界杯冠军，并荣膺该年度的“世界足球先生”。斯科拉里弃用他，看似是无奈之举。

斯科拉里上任时，2002 年韩日世界杯南美区预选赛仅剩下 5 场。鉴于此前巴西队的糟糕表现，球队处在不能顺利出线的生死关头。8 月 15 日，斯科拉里开始首场执教，对阵巴拉圭队。当时，罗马里奥也在出征之列。然而，缘于头天晚上的彻夜狂欢，罗马里奥在场上的表现大失水准。这种看似偶然的事件，却成为斯科拉里弃将的理由。当听说罗马里奥将被弃用的消息后，巴西球迷乃至社会各个阶层，都表现为极不理解。有人针对斯科拉里放出话来说“不选罗马里奥，他会成为整个国家的敌人”。于是，说情者有之，游行示威者有之，而就连罗马里奥本人，在随后巴西队出现用人荒的时候，也想尽一切办法重新回归国家队。但斯科拉里根本不为所动，固执己见。最终，在这届世界杯上，他用冠军奖杯封堵了所有不利于自己的声音，让自己不近人情的倔强成为制胜的缘由。

从治军的角度来看，斯科拉里的这种做法无疑是非常正确的。一个自由散漫的团队，无论如何是不能取得胜利的。事实上，在斯科拉里带队的过程中，他的治军严格是出了名的。他对队员花天酒地的行为十分反感。如果有球员比赛前一晚还在寻欢作乐，那么一定会受到他的严惩。他甚至说："要是球员连这方面都控制不住的话，那他简直不配为人，只是一个没有理性的动物。"从这点上来说，他的强硬倔强是值得肯定的。

2002 年世界杯后，斯科拉里被葡萄牙国家队相中。在那里，他同样将自己的行事风格带了过去。提到葡萄牙足球，人们的印象通常是：球员们在场上有着从容的脚法、精巧的配合、良好的作风，颇具绅士风度。提到葡萄牙球员，人们总会不经意地冒出"黄金一代"这个称呼来。但斯科拉里来后，这一切都变了，而且直接变没了。

斯科拉里上任后，首先是对葡萄牙队来了个更新换代。在当时，以菲戈、鲁伊·科斯塔为核心的"黄金一代"球员在国家队中占据着不可动摇的地位，所以前几任教练都没能撼动他们，只得自己走人。那为什么要撼动他们呢？因为足球是竞技运动，实质上吃的是青春饭，存在着明显的事业年龄。当时的"黄金一代"，大多都已迈过 30 岁的门槛，处在事业的下滑期。但"黄金一代"在当时的葡萄牙国内，声望极隆，人气极高，不是谁都能轻易撼动的。斯科拉里对葡萄牙队的更新换代是循序渐进、交替进行的。

在2004年的欧锦赛上，葡萄牙队基本上还是以传统的打法为主。但是，在欧锦赛的决赛之战中，葡萄牙队却被打法保守，但更务实的希腊队击败。这让斯科拉里重拾起强硬倔强的风格，彻底按照自己的思路来改造葡萄牙队。于是，在欧锦赛过后，“黄金一代”的核心人物鲁伊·科斯塔离开了国家队，一些新生力量进入球队。两年后的2006年德国世界杯上，出现在人们面前的就是斯科拉里式的葡萄牙队。他们脚法犹存，但变得粗野起来；他们配合还在，但更多的是务实渗透；他们球服依旧，但所裹之人绅士风度不再，良好作风难觅。为获取胜利，球员们可以不惜使用一切手段，如下黑脚、假摔、激怒对手、全力死守等，这些昔日葡萄牙人最不耻的战术手段，在斯科拉里的改造下，被当成了克敌制胜的法宝。当斯科拉里带领葡萄牙队历史性地闯进4强时，谁还会去饶舌他固执己见的行事风格呢？

然而，中国有句古话叫作“风水轮流转”。一个人不管处于什么情境，风光无限也好，失意痛苦也好，都不可能会持续一辈子，而是处于不断变化之中的。于是，人生之中便有了否极泰来和乐极生悲这样的两极转化状态。斯科拉里始终自信地坚守着自己的行事风格，而或许是在不经意间，他的这种自信就转化成了自负，让他为此付出了可谓身败名裂的沉痛代价。

2014年，世界杯比赛转到了斯科拉里自家门口。倔强不认输的斯科拉里在经历了一连串的败走麦城遭遇之后，毅然接过国家队教鞭这一烫手山芋，意图通过创出佳绩来证明自己。在这里，他强硬倔强、固执己见的行事风格再次尽情展现。在用人上，他顶住压力弃用自己昔日的爱将罗纳尔迪尼奥和卡卡等人。当时他给出的解释是：“带这些年轻球员通常要比带一些经验丰富却处于职业生涯暮年的球员来得容易。因为那些老将已经不再雄心壮志。但是年轻球员具备一切雄心，也热爱足球。”在选择前锋上，他更是刚愎自用。不论名宿和专家如何反对，他却毫不犹豫地将弗雷德里科（Frederico，昵称弗雷德）征召入队。

2013 年以来，弗雷德在效力的弗鲁米嫩塞球队仅有 8 个进球，普遍不被看好。事实表明，在这届世界杯上，弗雷德尽管场场首发，但他除了小组赛最后一场对阵喀麦隆队时攻入一球，其他比赛都没有任何亮点，被球迷冠上了“巴西史上最差 9 号”的帽子。在半决赛与德国队的比赛中，弗雷德依旧形同梦游，以至下半场被换下场时，全场 6 万球迷一片狂嘘，不少球迷高喊“快滚回家吧，弗雷德”。风水轮流转，转到了斯科拉里行事风格失灵的时候。这时，斯科拉里是不是有所体悟，有所改变呢?

不过，除去行事风格，生活中的斯科拉里倒不失人情味的一面。在他的身上，同样有着侠骨柔情。

2008 年，斯科拉里还在葡萄牙队执教时，切尔西俱乐部就提前向他伸出了橄榄枝。当时，他表示将在欧洲冠军杯赛事后再考虑。结果，在他的妻子奥尔加的“耳边风”吹拂下，他提前做出入主切尔西俱乐部的决定。他公开说道：“最后决定是奥尔加做出的。她说过，我在回巴西养老前会在伦敦退休，这是她所希望的，我愿意满足她的愿望。”

2. 老拳相向，喜怒总在一瞬间

斯科拉里出生于巴西，是意大利威尼斯人后裔。这种后天的环境加先天的基因共同作用的结果是，他身上既具有巴西人的热情奔放，又具有欧洲人的严谨和理性，而这就使他在言行举止上，是巴西人的风格；在行事上，是欧洲人的风格。

斯科拉里带给外人的印象，首先是他不修边幅，给人一副邋里邋遢的糟老头形象，而即使是西装革履地打扮一通，也只是个富态老头。其次就在于他那不加遮拦的言谈举止。他说话时，通常口无遮拦，心里怎么想就怎么说。有时，他冲你吹胡子瞪眼，甚至暴跳如雷，而转瞬间他又会像一位老朋友一样，同你开起玩笑。他曾这样评价巴西人心目中的球王贝利："没当过教练的贝利总是喜欢排兵布阵和预测，但大部分都是错的，可以说他在足球上狗屁不懂。告诉你一个秘籍：如果你想赢得冠军，其实很简单，你去听听贝利的言论，然后按相反的做就行了。"这番语言犀利而幽默，充分体现出他那口无遮拦的心性。

在指挥战斗时，他的这种心性更是暴露无遗。以 2008 年 6 月 12 日欧锦赛对阵捷克队那场比赛为例。

与往常一样，开场后他一言不发地坐在教练席上。比赛进行到第 8 分钟时，他的爱将德科一记推射，首开纪录。这时，他立即被教练席上的人围在中央，闷了好久才探出脑袋。随即，他像陡然活过来一样，开心地与他的巴西助理教练来了个一整套的巴西式动作——先握手，再碰拳，然后大拇指互挤一下再反掌相握。最后，来个深情拥抱。这时，他脸上是极愉悦的表情。比赛到第 17 分钟时，捷克的西昂科冲顶破门扳平比分。这时，斯科拉里刚才脸上的愉悦表情一扫而光，他那惯常的暴躁脾气被激惹了出来。尤其是看到德科倒地后被对方的马特约夫斯基上前踢了一脚时，他当即勃然大怒，远远地做了一个踢空脚的姿势。看那架势，似乎要把踩人者蹬到九霄云外去。别以为斯科拉里是主教练就会顾忌名声，或以为他此举只不过是故意露出些花拳绣腿来唬人的。实际上，要是踩人者近在眼前的话，他定会蹬上一脚来发泄不满。在这方面，他可是有“前科”的。

2007 年 9 月 13 日，斯科拉里带领的葡萄牙队与塞维利亚队展开大战。这场比赛是葡萄牙队为争夺 2008 年度欧锦赛入场券的第三场比赛。前两场比赛中，葡萄牙队 1 ∶ 1 战平亚美尼亚队，2 ∶ 2 战平波兰队。为此，在这场比赛之前，斯科拉里就明确要求队员打起精神，千万不要再出现上一场的低级失误。

这场比赛，葡萄牙队可谓开局顺利。上半场第 10 分钟时，西芒开出的任意球敲开了对手的大门。可是，当比赛进行到第 87 分钟，接近尾声时，塞维利亚的伊万诺维奇在明显越位的位置上打进一球。对于这个有争议的进球，德国裁判默克认定进球有效。最终，双方 1 ∶ 1 战平，葡萄牙队再次收获平局。

当默克吹响终场哨后，两队球员交换球衣后陆续下场。这时，夸雷斯马与德拉古蒂诺维奇争论起来。不过，他们虽然都面带怒意，但没有进一步的过激行为。谁知，这时无法接受平局结果的斯科拉里，竟然做出让所有人瞠目结舌的举动：他飞快地冲到塞维利亚后卫德拉古蒂诺维奇面前，对着他就是一拳。斯科拉里之所以将憋了大半场的怨气发泄在德拉古蒂诺维奇身上，是因为他在比赛中有过多次出格的防守动作。

当时的摄像机镜头清楚地记录下了这一细节。打完后，斯科拉里迅速跑开，而被打者则一脸茫然。当他回过神打算找人较量时，早已不见了对方的踪影。镜头里只有德科和戈麦斯那惊讶的表情以及德拉古蒂诺维奇被众人拉开的场景。

在赛后的新闻发布会上，斯科拉里不但对打人事件矢口否认，并把矛头对准主裁判默克："他是冲突的导火索，那个球明显越位却被判进球有效，应该让普拉蒂尼和欧足联的人看看我们是怎么丢掉3分的。"

这个"前科"，将斯科拉里随性的一面展现得十分清楚。为此，有人就用"嬉皮斗士"来形容他，并将诸如痴狂、狡猾、粗野、极端之类的贬义词汇用到他头上。但同时，谁又会发现，这些词汇如果离开了足球本身，那绝对是对斯科拉里人格的侮辱。在他身上看不到传统意义上的官员阶层所刻意展现出来的那种一本正经、不苟言笑，他表现出来的行为有时会随性到近乎任性。总之，他的一切喜怒都会形之于色。

在2006年德国世界杯小组赛上，人们至今还难忘这样一幕：6月21日的小组赛上，葡萄牙队对阵墨西哥队。比赛进行到下半场时，墨西哥队获得一个点球，结果罚丢了。当时，斯科拉里竟然高举拳头当着墨西哥队主教练拉沃佩的面挥了挥以示威吓。当这场比赛结束时，他竟然如释重负般地挥起拳头，然后兴奋地和助理教练庆祝起来。那情形，就像他们夺得了冠军似的。其实，这场比赛他们只需例行公事即可。因为他们前两战均已取胜，稳获出线。可当时，他在场边照样对着球员大喊大叫，好像是在进行一场事关生死的大战一样。

在有些时候，斯科拉里的举动会让人觉得不可思议。比方说，他要求队员们通过积极犯规来遏制对手的进攻。遇到对手发起危险的进攻时，他甚至鼓动场边的球童把球纷纷扔进赛场来干扰比赛。这也让人从侧面可以看出，斯科拉里虽有着随性的一面，甚至有时是近乎顽童般的表现，但他一点儿也不世故，更谈不上狡猾。所以，说他狡猾、痴狂、粗野、极端，并不是指他的为人，而是指他的执教理念和技战法。他的这些行为表现，说来说去，都是为足球。至于说到为人，斯科拉里绝对是一个敢负责任、敢担当且具有欧洲人那种严谨思维头脑的人。

在 2008 年执教切尔西时，在冠军杯赛场，切尔西表现欠佳。当时英国《每日邮报》采访他时，他这样说道："如果我们的球队不能战胜对手，不能从小组出线的话，那么我将交出教鞭，乖乖地滚回巴西去！"接着他又表示："现在我们已经先后两次失去提前晋级的机会，我们不会只想着现在和两周后的比赛，而是要想想我们究竟犯了什么错！"事后，他真的"兑现"了自己的诺言。

斯科拉里的个性无法复制，也无法更改。熟悉他的人对他的各种行为已经到了熟视无睹的地步，而不熟悉他的人对他的行为则有如看一个老顽童的滑稽表演。几乎他执教的每场比赛，都能看到相似的情形——他一看到不顺眼的人，就吹胡子瞪眼；遇到不顺心的事，就捶胸顿足。不时，他会冲到教练席边界线外冲着场上咆哮，或喊几句脏话。看到第四官员来管他时，他会伸伸舌头然后迅速逃回坐席上去，让人感到他的行为非常可爱。

这就是斯科拉里，随心而动，随性而为，口无遮拦，但心无偏机；喜怒招之即来，但挥之即去。他为球而乐，为球而嗔，为球而为，为球而争，为球义无反顾。

3. 渴望好运，迷信且过于主观

2001 年的美洲杯比赛在哥伦比亚进行。当时斯科拉里领衔的桑巴军团抽签分在 B 小组。在 7 月 3 日进行的第一场小组赛中，巴西队 0 ： 1 负于墨西哥队。第二场小组赛对阵智利队开赛的前一天，斯科拉里并没有随队训练，而是专门去了位于卡利的圣犹大・达太教堂。据《圣经》上的解释，犹大・达太是耶稣的十二门徒之一，他能保护那些失魂落魄者。斯科拉里此去，就是祈求犹大・达太让陷于“失魂落魄”的巴西球员还魂的。

从教堂祈祷归来，斯科拉里随即决定让巴西队员穿着蓝色队服迎战秘鲁队。因为在 1958 年的世界杯上，巴西队就是身穿这样的队服夺得冠军的。他说，蓝色队服能给巴西队带来好运。

果然，在 7 月 16 日举行的巴西队与智利队的比赛中，巴西队果真如还魂了一样，在比赛中受到了“好运”的眷顾——以 2 ： 0 获胜，从而结束了先前 4 连败的颓势。取得这场胜利后，斯科拉里表示，他准备把蓝色队服当作巴西队的正选队服，抛弃原来传统的黄色队服。后来，他的这种设想因招致许多人的反对才作罢。

从这个事例中，可看出斯科拉里性格的另一面：渴望好运眷顾，迷信超自然的力量。这种迷信，并不是他偶然的心血来潮，而是已经深深融入了他的心性。

据外电报道，斯科拉里是一个非常迷信的人。在 2014 年本土世界杯上，巴西队与德国队半决赛之前，他竟然举着阿根廷国旗大摆造型拍照，而他此举显然不是为了给阿根廷加油助威，而是希望能够给自己带来好运。

众所周知，阿根廷和巴西在足球场上无不是形同水火，势不两立。在2014世界杯上，当内马尔在对阵哥伦比亚的比赛中受伤提前告别世界杯赛时，一些阿根廷球迷甚至举着脊柱模型在巴西大街上表示庆贺。因为如果巴西队在半决赛中战胜对手，阿根廷队也战胜对手，那么这一对“冤家”就会在决赛中狭路相逢。孰胜孰败，还真难预料。在历史战绩中，巴西队要占优。这也就难怪，当巴西队的进攻核心内马尔因伤无法上场后，阿根廷球迷会做出庆贺的举动来。

不过，斯科拉里并不理会这些。他和本场比赛遭到禁赛的队长蒂亚戈·席尔瓦照样举着对手的国旗拍照。为什么这样做呢？因为在与智利队的1/8决赛之前，阿根廷《共和国报》的一个记者给他赠送了一面阿根廷国旗，并出于礼貌，同意举着这面阿根廷国旗拍了一张照。在随后对阵智利队的战斗中，巴西队幸运地躲过了智利队的绝杀，并在点球大战中淘汰对手。

“这面旗子会给我们带来好运。”斯科拉里说。于是，在半决赛开战前，他才把队长席尔瓦叫到一起，与阿根廷国旗合影。

除了迷信阿根廷国旗能为自己带来好运外，斯科拉里还格外钟情于一件蓝色外套。一到比赛的时候，他总会穿上它，并认为它能给自己带来现场正确指挥的能量。

在迷信超自然的神秘力量与渴望好运的同时，斯科拉里强硬倔强的性格，反而不再是一种能够带来胜利的意志，而是走向了主观自负的一面，最终成为比赛惨败之源。当本土世界杯上巴西队以1：7耻败于德国队后，当时驻里约热内卢的特约记者陈开就将巴西惨败的矛头直接对准斯科拉里，指出他犯了“三宗罪”。

第一宗罪：不知己彼，进退失据。

所谓“知己知彼，百战不殆”，而被称为熟知《孙子兵法》的斯科拉里，临战时犯的最大错误，就是做不到这一点，既无法客观判断自身实力，也没能准确把握对手动向。

赛前的最后一练，斯科拉里曾经在一个小时之内变换了 5 种阵形，球员位置更是挪来挪去。别以为这是故意摆出的迷魂阵，实际上是斯科拉里对在现有人员基础上如何排出最强阵容自己心里也没底。当时外界普遍的观点是，若要主打进攻，应该考虑让威廉同奥斯卡搭配，毕竟两人是切尔西的队友，默契程度上没有问题。若要以稳为主，或许可以起用防守型球员拉米雷斯，改用三后腰战术。

虽然排兵布阵上已经为这场灾难埋下了不祥的伏笔，但斯科拉里却毫无警觉，反而指挥球队开场便发动猛攻，试图以“闪电战”一举击溃对手。可他忘了，德国队才是“闪电战”的老祖宗。依靠频繁的跑动和流畅的配合，德国队有效地控制住了中场，并顺利切断了巴西队前场攻击球员之间的联系。在比赛进行到第 23 分钟后的 6 分钟时间内，巴西连丢 4 球。这一快速失球，彻底把斯科拉里打蒙，以至于在场边的他失去了作为主帅应有的冷静和谋略，而赛后他也承认：“我试图做出改变，但在 0 ： 5 的情况下，换一两个人根本无法改变场上的局面。”

第二宗罪：任人唯亲，刚愎自用。

在《孙子兵法·作战篇》中指出：“故知兵之将，民之司命，国家安危之主也。”换句话说，主帅能否知人善用，如何选人用人，直接决定了战争的走势。斯科拉里的失败，恰恰就是他任人唯亲的结果。

本届世界杯，斯科拉里以“暮年老将已无斗志”为由，弃用罗纳尔迪尼奥、卡卡等世界杯经验丰富的老将。赛后，很多人说，如果有老将稳定军心，巴西队或许不会在突然出现被动局面后迅速崩盘。本场比赛，当蒂亚戈·席尔瓦受伤，斯科拉里钦点首发的中卫丹特完全找不到感觉，无论定位球的卡位，还是阵地战的防守都做得一团糟。巴西队后防线真是“蜀中无大将”了吗？其实，上个赛季表现优异且发挥十分稳定的马竞中卫米兰达和边后卫费利佩，正是被斯科拉里“有眼无珠”所抛弃的。

最令人诟病的无疑是斯科拉里在选择前锋时的刚愎自用，不论名宿和专家如何反对，他却毫不犹豫地将弗雷德和若奥（João Alves de Assis Silva）征召入队。受困于伤病的弗雷德 2013 年以来在俱乐部仅有 8 个进球，若奥也只不过是在去年的解放者杯迎来职业生涯罕有的风光时刻，但这两位偏偏就能够得到斯科拉里的信任。即便他们被赋予的任务只是能够在前场拿住球，为内马尔做做球，他俩的表现也完全达不到要求。

第三宗罪：未谋胜算，先求苍天。

《孙子兵法》开篇就强调谋略的重要：“夫未战而庙算胜者，得算多也；未战而庙算不胜者，得算少也。”然而，自称熟读兵法的斯科拉里，赛前却不把心思用在谋算对手身上，反而迷信于超自然的力量。

从中可以明确的一点：巴西队的实力并不居德国队之下，这一切都是斯科拉里的自负招致了巴西队的崩溃。接下来，不妨换个角度，从人的事业年龄的角度来看。那么，斯科拉里已经过期了吗？

答案应该是否定的。因为人的事业年龄并不总受限于生理年龄，后者与前者之间并不总是制约的关系。在事业追求的道路上，生理年龄并不会成为事业成功的决定因素。纵观历史上的成败，总也逃不脱的一个规律是：当人由自信转为自负的时候，失败就成为必然。

其实，为证明自己，为顺应巴西人的热望，斯科拉里可谓是殚精竭虑。巴西人的热望是什么？那就是，这次本土世界杯，巴西队必须夺冠，只能夺冠，其他任何结果都是不可接受的。对于这种最高且唯一的目标，斯科拉里无异于揽上了一副沉重的担子，其间的压力可想而知。在世界杯来临之际，他常常是彻夜难眠。他曾向外界透露："如今自己基本只能靠数绵羊入睡，虽然偶尔能睡好，但大部分夜晚，他都是在床上辗转反侧，难以入睡，而且失眠的症状随着揭幕战的日益临近而越来越严重。"

所以，反过来看，如果巴西民众不给斯科拉里如此高的期待，而是以一种平常心来对待比赛，说不定斯科拉里能够彻底放得开，巴西队反而能够有更好的表现。从这点上来说，斯科拉里之所以有了迷信、主观的表现，首先是输在了自己的心理上。

4. 随性中见严谨，务实中隐精明

斯科拉里性格倔强，固执己见，平时说话口无遮拦，丝毫不顾及对方的感受。从他的身上，所呈现给人的更多的还是江湖的影子。这也难怪——他并不同于当今大牌教练的成长历程——以球星赢得口碑，挂靴后以声誉而获聘执教，而是一切从平淡起，以平庸示人。他的儿时伙伴吉尔伯·门德斯回忆道："几乎每天放学，我们都会在一起踢足球。如果没有球踢，我们就会踢石头、踢瓶盖等。他热爱足球，但他并不是一个优点突出的球员，因此他踢过很多位置，而很多时候他甚至当门将。"

没有过人的天赋，没有耀眼的光环，注定了斯科拉里一时半会儿走不上高台盘，而这样他也就只能"混迹"于江湖。俗话说，"江湖风浪多，人在江湖，身不由己"。但是，谁都会发现，他这一路走来，几十年的风风雨雨中，与他极易招惹众怒的脾气大为不符的是，他几乎没有一个私敌。这充分证明了他做人方面的成功之处。

生活中，总少不了磕磕碰碰。在与形形色色的人打交道的过程中，有的人仅因为一句话不投机，就招致了对手的打击，甚至是人身伤害，而斯科拉里，尽管一时对他的风言风语铺天盖地而来，但风过之后，他所面对的总是朗朗乾坤。他是怎么做到的呢？不妨看看他是怎样对待那些不利于自己的言行的。

2008 年 7 月，斯科拉里执教切尔西后，常有记者拿他将前主教练穆里尼奥进行比较。为此，他希望记者们不要这样做，而且对此他说了这样一句话 ：“也许比较起来，我较为谦虚一点儿。”

谁知，穆里尼奥听后，毫不客气地回击道 ：“他们攻击我是因为他们知道第二天能上报纸头条，这是显而易见的。大家都知道，他有没有感到压力，你必须要问问他。”

对此，斯科拉里没有激烈回应，只是说道 ：“我现在仍爱着英格兰，我仍和切尔西保持着良好的关系，但我现在不想在英格兰足球上浪费时间，我现在身在意大利，我的生活也在意大利。”他的话里的意思是 ：他要专心对付在意大利进行的比赛，没心思和人计较这些场外是非。

斯科拉里的这番回答，并没有向针对自己的人以牙还牙，而只是希望通过执教来证明和显示自己的能力。这样既能避免陷入论战，又能充分显示自己为人豁达的一面，从而避免因过分较真而导致争论的进一步升级。

有人给斯科拉里取了个“菲利保”的昵称。他在接受《442》杂志采访时这样解释道 ：“在英语世界里，人们叫我‘大菲尔’（Big Phil）；回到巴西，我就是‘菲利保’（Felipao）。人们之所以这么叫我，主要是对我踢球的认可，我是一个非常强硬的后卫，当时有一个记者用‘Felipao’来赞赏我的力量，之后大家就渐渐这么称呼我了。”

斯科拉里的这番回答，明显是在往自己的脸上贴金，且具有幽默的意味。但是，这种贴金，是合乎人性的，合乎情理的。从中，人们所能得出的，只能是斯科拉里本人追求上进的一面。从说话的技巧来看，其中隐藏着一种为人处世的精明。

斯科拉里的执教风格是反巴西传统的——他不主张踢所谓的花

哨足球。他崇尚实用主义，早在他第一次执教格雷米奥球队时便使用到实战中去了。为此，他一度饱受巴西足坛人士乃至媒体的诟病，公众无不指责他在牺牲巴西足球传统。对此他既不回避也不掩饰，并且敢于面对公众。他说："在巴西国内，圣保罗、里约热内卢这些地方的人们，都喜欢看球员踢花哨足球，也就是大家所说的巴西美丽足球。但是，在南大河州，也就是我踢球的地方，确实更加注重身体力量的对抗。因此，我的球队或许踢得不那么好看，并因此受到了很多人的批评，但是我的球队踢得非常有纪律，并且很有组织性。其实无论是做什么，目的都是为了赢球。"在这番话里，斯科拉里既没指责别人对自己的批评，也没把自己扮成无端受过者，而是以一种坦诚的态度就事论事地阐明自己的立场和观点。他的这番话说出来，既不会得罪公众，又成全了自己，从而让自己能够继续坚持自己的执教风格。

除极个别事例外，通观斯科拉里的所作所为就会发现，他的一言一行无不契合了中国人所遵循的做人底线——"打人莫打脸，揭人莫揭短"。这也就让他的那些在旁人看来有些怪异的行为，包括口无遮拦的骂人话语、咆哮震怒以及近乎顽童的癫狂、反复无常，都成为对事不对人的举止。

谁都知道，斯科拉里的治军严格是出了名的。他在2002年世界杯赛前曾说过："无论是做球员还是教练，我都是一名斗士，我希望我的球员首先考虑纪律，然后才是热情。"在2006年德国世界杯上，C罗在场上漫不经心地传球，当即引来他的震怒和劈头盖脸的怒骂："懒鬼，要是这样，干脆别踢世界杯赛了！"

要知道，斯科拉里是用江湖聚义和家族亲情的方式来整合团队的。当时，在队里他与C罗是以父子相称的。从这点上也可看出，他动不动就发脾气尽管具有随性的一面，但绝不戴有色眼镜，不会区别于亲疏，从而做出“溺爱”的举止。

熟悉斯科拉里的人都清楚，他的随性和喜怒无常，仅局限于球赛上。赛场以外的事，包括那些人事安排和球队机密，他呈现给人的就是守口如瓶、讳莫如深。从这些方面，无不看出他有着良好的职业素养和道德水准，以及藏于他心性中的欧洲人的严谨和精明。也正因如此，不管外界风云如何变幻，他几乎都能够从容应对，笑傲江湖。

附录一：
斯科拉里大事记

1948 年 11 月 9 日斯科拉里出生于巴西南大河州帕苏丰杜。

1966 年，18 岁的斯科拉里加入了位于南大河州的艾斯波迪渥（Esportivo Aimoré）俱乐部少年队。该俱乐部虽成立于 1936 年 3 月，但只是一家小球会。

1973 年，斯科拉里离开了效力 7 年的艾斯波迪渥俱乐部。之后处于球员巅峰年龄之际的斯科拉里，职业生涯有了一次攀升。他加盟了卡西亚斯（Caxias）俱乐部球队。在这里，斯科拉里一待就是 6 年，并收获了“木腿人”的绰号。

1980 年，32 岁的斯科拉里才迎来了球员生涯中的一次质的攀升，加盟了尤文图德（Juventude）俱乐部。在尤文图德俱乐部待了没几个月，斯科拉里便加盟了同样位于南大河州的诺沃汉拔哥（Novo Hamburgo）俱乐部。

1981 年，不甘平庸的斯科拉里在诺沃汉拔哥俱乐部同样是没干几个月就拍屁股走人，加盟了阿拉戈亚诺体育中心队（Centro Sportivo Alagoano，简称 CSA）。

1982 年，在阿拉戈亚诺体育中心队挂靴后，斯科拉里开启了人生新的征程，开始成为该队的主教练，实现了由球员到教练的职业大转身。其间，因带领阿拉戈亚诺体育中心队取得州联赛冠军和乙级联赛亚军的卓越战绩，他先前效力的尤文图德队也向他抛出了橄榄枝。

1983 年，斯科拉里尽管在尤文图德队的管理和技能指导上颇有建树，但并没有实现夺取州联赛的目标。所以在赛季的下半年，他选择了离开，加盟了格雷米奥艾斯波迪渥队（Grêmio Esportivo Brasil，简称巴西 PE，也称为佩洛塔斯队）。令人遗憾的是，斯科拉里执教后，没能给球队带来任何荣誉。因而，在 1983 年年底，他再次选择了离开。

1984 年，在人们惊讶的目光注视下，他开始了远走高飞，飞向了遥远的海湾国家沙特阿拉伯。他的落脚点就是位于沙特阿拉伯首都利雅得的艾尔沙巴比（Al-Shabab）俱乐部。

1986 年，结束沙特艾尔沙巴比队执教合约的斯科拉里，可谓满载荣誉地回到国内，开始将自己刚刚形成的执教理念付之于国内的实践之中。但巴西 PE 这样的小球会一副无所作为的样子，与他的人生追求已经相去甚远。因而在这里执教了 3 个月后，他毅然选择离开，再次回到了尤文图德队。

1987 年，巴西豪门格雷米奥俱乐部向他敞开了事业之门，让他开始了新的梦想，并在巴西、沙特阿拉伯与日本均取得了相当不错的成绩。

1988 年，斯科拉里在戈亚斯球队担任教练。

1989 年，斯科拉里远赴科威特，执教该国艾尔卡迪斯亚（Al Qadisiya）队，并率军夺得埃米尔杯。

1990 年，斯科拉里短暂就任科威特国家队主帅，率领科威特拿到了海湾杯冠军，成为自己执教生涯的一个里程碑。

1991 年，在帮助科威特国家拿到海湾杯后，斯科拉里回到了巴西国内，在克里西乌马竞技俱乐部（Criciúma Esporte Clube）球队执教。在克里西乌马球队所待的时间很短，可以说屁股都还没坐热，一家中东球队就急急找上门来。他就是沙特阿拉伯的艾尔阿赫利 [Al-Ahli（Jeddah）] 俱乐部球队。

1992 年，斯科拉里在阿赫利俱乐部球队，真是来也匆匆，去也匆匆。执教没多久，以前的老东家、科威特的艾尔卡迪斯亚俱乐部球队再次向他发出了殷切的召唤。于是，1992 年年初，他响应召唤，重返故地，替老东家担起了调兵遣将的重任。

1993 年，斯科拉里再度执教格雷米奥队。

1994 年，斯科拉里带领格雷米奥队夺得巴西杯冠军。

1995 年，斯科拉里带领格雷米奥队夺得南美解放者杯冠军，除此之外，还夺得了州联赛的冠军和巴西杯争夺战的亚军。为俱乐部创造出了巨大的社会效益，也为他本人迎来了巨大的声誉人望。

1997 年 7 月，斯科拉里的身影出现在了遥远东瀛的磐田喜悦俱乐部。在那里，虽然执教时间不过短短的半年，但他的表现赢得了俱乐部的广泛赞誉，被称赞为创造了一段光辉岁月。也就在这时，他的神奇受到国内老牌劲旅帕尔梅拉斯俱乐部的青睐，并向他伸出了橄榄枝。

1998 年 1 月，斯科拉里开始了在帕尔梅拉斯的指挥历程，该队历史性地夺取了巴西杯的冠军。

1999 年，斯科拉里带领帕尔梅拉斯队成功夺取了曾经 13 次叩关均无功而返的南美解放者杯，为俱乐部赢得历史性声誉，取得历史性突破。同时，也为斯科拉里本人进一步笼起头顶的光环，去迎接和拥抱更高层次的征战。

2001年，经久不衰的威信和作为教练的成功让斯科拉里接过了巴西队的教鞭。在关键时刻勇于挑起大梁，在认识到自扎加洛以来的3任国家队教练过于纵容大牌球星的错误后，斯科拉里用几乎是军队般的严格管理给巴西队强加上纪律性标签。在他率领下，巴西队在最后阶段稳定发挥，最终成功晋级了韩日世界杯。

2002年，斯科拉里接任巴西国家队教练，取得了七战全胜的战绩。斯科拉里帮助巴西队第5次夺取世界杯的冠军！2002年后斯科拉里离开巴西队，转投葡萄牙国家队。

2004年，斯科拉里带领葡萄牙队杀进年度欧洲杯决赛，成为2004年欧洲国家杯的亚军。

2006年，斯科拉里带领葡萄牙队杀进世界杯4强。

2008年，斯科拉里带领葡萄牙队杀进欧洲杯8强。7月1日，斯科拉里出任英超切尔西俱乐部主教练。然而在执教初期，斯科拉里便与俱乐部管理层发生矛盾，与德罗巴、特里等核心球员之间的关系也不甚融洽。此时，斯科拉里不善管理豪门俱乐部的弱点被无限放大。

2009年2月，切尔西官方宣布终止与斯科拉里的合同。离开切尔西后，斯科拉里辗转本尤德科、帕尔梅拉斯等球队。

2010年6月，身心有些疲惫的斯科拉里返回了巴西国内。他接受了帕尔梅拉斯俱乐部的召唤，双方签下了一份为期两年半的合同，重新拾起了帕尔梅拉斯队的教鞭。

2012年，在巴西国内的强烈呼声下，斯科拉里再次接过了巴西国家队的教鞭。11月29日，巴西足协官方宣布，斯科拉里上任巴西国家队主教练一职。

2013年，斯科拉里带领巴西队夺得联合会杯，接着杀入世界杯

4强。但在万众期待的巴西世界杯上，作为东道主的巴西竟然在家门口以7球惨败给德国，最终仅以第4名的成绩结束赛程。赛后，身心俱疲的斯科拉里宣布卸任巴西主教练，回到格雷米奥——他梦开始的地方。

2014年7月29日，巴甲格雷米奥俱乐部官方宣布前巴西国家队主帅斯科拉里成为球队新任主教练。因球队没能晋身南美解放者杯，随后又在州联赛决赛败北。2015年5月，在巴甲开赛仅仅两轮，斯科拉里就“下课”了。格雷米奥仅取得1平1负的糟糕战绩。5月19日，斯科拉里刚从格雷米奥下课，随后和恒大签约两年半。巴西媒体透露，斯帅的6人团队年薪约为570万美元（约合人民币3500万元）。

附录二：
斯科拉里名言

1. 我跟其他人一样，两条腿，两只手，一个脑袋。

2. 这就是打仗，我必须杀死别人，保证自己不被杀。

3. 只有一件事变了，我即将在另一个国家开始生活。

4. 我不想卷入英格兰模式，在我还没有答应任何事情之前，我的生活就完全乱了，隐私全部被曝光了。

5. 比如，如果某些人谈论我的私生活，我会用力给他一拳，我对起诉没兴趣，我喜欢用自己的方式解决。

6. 耶稣说我们应该转过另一侧脸由他打，很不幸，菲戈不是耶稣。

7. 我认为贝利完全不懂足球。作为主帅他什么都没有，他对比赛的预测总是错的。如果你想赢点儿什么，就照着他说的相反方向去做。

8. 如果有谁连这方面（情欲）的事情都控制不住的话，那我认为他简直不配成为一个人，只是一个没有理性的动物罢了。

9. 我非常相信占星学，自从我还是个孩子的时候，我就知道自己会取得成功，因为天上的星星告诉了我一切。

10. 我的问题是自己太愚蠢了，因为别人都在撒谎的时候，我却讲了真话。